使える！スポーツ手話ハンドブック

一般財団法人 全日本ろうあ連盟

はじめに

　2020 年に東京で開催されるオリンピック・パラリンピックが近づき、社会のスポーツに関する関心が高まっています。また、健康維持や体力増進のため、生活の中に運動を取り入れていく「生涯スポーツ」という考え方も広まってきました。

　日本でのろう者スポーツの発展はめざましく、2018 年 6 月現在でデフスポーツ団体は 22 団体が設立され、個人でも聞こえる人の大会に出場する選手が出てくるなど、競技レベルも上がってきています。

　しかし、ろう者スポーツの社会的な認知はまだ低く、聴覚障害者スポーツの世界大会である「デフリンピック」もまだ 2 割程度の国民にしか知られていない状況です。スポンサーが付かず、日本代表選手であっても参加費の自費負担が発生、練習場所の確保が困難など、厳しい立場におかれています。そのような中、2017 年に開催された第 23 回夏季デフリンピック（トルコ・サムスン）では、日本選手団はめざましい活躍を遂げ、過去最高のメダルを獲得しました。そのことで、ろう者アスリートやろう者スポーツについても少しずつメディアに取り上げられるなど、理解が広まっています。また、国内でも全国ろうあ者体育大会をはじめ、競技ごとの大会も数多く開催されています。

　この本に掲載されている手話表現の監修は、社会福祉法人全国手話研修センター日本手話研究所標準手話確定普及研究部本委員会にて、用語の手話の整理と新たな確定を行いました。また、用語に関する説明文については、分かりやすいものとなるよう執筆しました。手話表現だけでなく、用語の意味の確認にも利用いただけます。

　競技名だけではなく、スポーツ大会に関連する用語、ボランティアをはじめ運営に関わる人に覚えていただきたい単語など、合わせて 246 語を掲載しました。この一冊で全ての手話表現が網羅できるわけではありませんが、手話学習のきっかけにしていただき、ろう者アスリートたちや関係者と関わっていくことで、ろう者スポーツの発展に繋げていただければ幸いです。

一般財団法人全日本ろうあ連盟

目　次

スポーツ大会の歴史……………………… 4

「スポーツ」の手話 ……………………… 6

第 1 章　スポーツの競技名

①-1 　オリンピック競技 ……………… 7

①-2 　競技名 ………………………… 29

①-3 　冬スポーツ …………………… 37

①-4 　障害者スポーツ ……………… 47

第 2 章　大会運営に関する用語

②-1 　大会……………………………… 57

②-2 　式典……………………………… 71

②-3 　規則・ルール…………………… 83

②-4 　運営……………………………… 95

第 3 章　人物や医療関係、場所などの関連用語

③-1 　人物 …………………………… 111

③-2 　メディカル …………………… 119

③-3 　場所・交通 …………………… 129

③-4 　その他 ………………………… 145

索　引…………………………………… 153

スポーツ大会の歴史

地域	大会名	実施時期		概要
国際大会	オリンピック（近代）	夏季・冬季	4年に1回	世界的なスポーツの祭典。スポーツを通した人間育成と世界平和を究極の目的とし、夏季大会と冬季大会を行っています。
	パラリンピック	夏季・冬季	4年に1回	障害のあるトップアスリートが出場できるスポーツの祭典。オリンピック大会の終了後に同じ場所で開催されています。
	デフリンピック	夏季・冬季	4年に1回	耳の聞こえないアスリートが参加する国際的なスポーツ大会。夏季大会と冬季大会があり、ルールはオリンピックと同じですが、視覚的保障がされています。
	スペシャルオリンピックス	通年（競技会は4年に1回）	毎年	知的障害のある人たちに様々なスポーツトレーニングとその成果の発表の場である競技会を、年間を通じ提供している国際的なスポーツ組織のことです。競技会は4年に1回の開催。
国内大会	国民体育大会	本大会（秋）・冬季大会	毎年	広く国民の間にスポーツを普及し国民の体力向上を図るとともに、地方スポーツの振興と地方文化の発展に寄与するため、都道府県対抗、各都道府県持ち回り方式で毎年開催される大会です。
	全国障害者スポーツ大会	本大会（秋）	毎年	1965年から開催の「全国身体障害者スポーツ大会」と、1992年から開催の「全国知的障害者スポーツ大会」を統合した大会です。
	全国ろうあ者体育大会	夏季・冬季	夏季は毎年冬季は4年に1回	全国のろう者がスポーツを通して技を競い、健康な心と体を養い、自立と社会参加を促進し、あわせて国民にろう者に対して正しい理解を深めるため開催しています。

1770　1810　1850　1890

ド・レペ ろう学校の設立（1760年）世界初のろう学校

ミラノ会議（1880年）手話教育の禁止

京都盲唖院の設立（1878年）日本

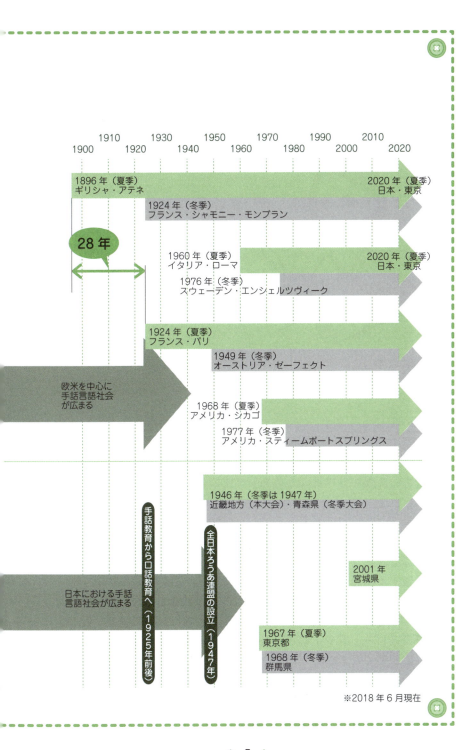

使える！スポーツ手話ハンドブック

スポーツ（すぽーつ）

両手を開いて交互に振り、走るしぐさをする

> 身体を動かす運動全体のことをいいます。陸上競技・水上競技・球技・格闘技などの競技スポーツのほかに、レクリエーションとして行われるものも含まれます。
> 手話は、手を振りながら走っているさまを表しています。

※上記の他にも「スポーツ」の手話表現はいくつかあります。親指を立てた両手を交互に前後させる表現や、両手拳を同時に胸に2回当てる表現もあります。どれも間違いではありませんが、意味や文脈によって使い分けることもありますので、覚えておきましょう。

　この本の発行にあたり、日本手話研究所標準手話確定普及研究部本委員会にて、オリンピック・パラリンピックに関する競技名や大会運営に関連する用語の手話の整理と新たな確定を行いました。
　静止画である手話イラストではスポーツの動きを表現しづらい部分がどうしても出てきますので、実際に表すときにはその場の状況に合わせて、スピード感や丁寧さ、表情などを工夫して、楽しんで表現するようにしてください。
　次のページから、245語の手話表現を紹介しています。選手はもちろん、大会運営に関わるスタッフやボランティアの方にこの本を活用して手話を覚えていただければ幸いです。

①-1
オリンピック競技

使える！スポーツ手話ハンドブック

水泳 (すいえい)

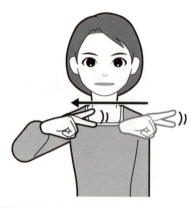

右手掌を下にした右手2指を交互に上下させながら右へ移動する

競技としての水泳は一定の距離を決められた泳法（自由形、平泳ぎ、背泳ぎ、バタフライ等）で泳ぎ、タイムを競う「競泳」を指します。オリンピック2020年東京大会では、800m自由形（男子）、1500m自由形（女子）、4×100mメドレーリレー（混合）の3種目が新たに加わる予定です。デフリンピックでは、スタートの音が視覚的に分かるスタートランプが飛び込み台の下に設置されています。
手話は、足をばたつかせながら泳ぐさまを表しています。

水球 (すいきゅう)

❶ 掌を上向きにした右手を波打たせながら左から右へ動かし
❷ 右手で球を投げる動きをする

水深2m以上のプール内につくられた縦30m×横20mのコートで、7名で構成する2チームがボールをゴールに投げ入れ合って得点を競う、プールで行われる唯一の球技種目です。1860年代のイギリスで「ボールを決められた水上のポイントまで運び合うゲーム」として始まり、そのあまりの荒々しさから危険を防ぐためにルールが制定され、スポーツとしての水球が確立したとされています。

◆ 8 ◆

①-1　オリンピック競技

アーチェリー（あーちぇりー）

左手の4指を前に向けて伸ばし、右手で弓を引く動きをする

的を狙って弓で矢を放ち、得点を競う競技です。オリンピックでは標的は直径122cmの円で、中心に当たれば10点。以下、得点となる円の帯が並んでいて、9点、8点……1点と外側に向かって点数が小さくなり、1点の外側は0点となります。70mという離れた距離からCDと同じ大きさの10点の的をめがけて矢を放つという高い集中力が要求されます。
オリンピックやパラリンピックの正式競技となっています。

陸上競技（りくじょうきょうぎ）

❶ 両手を右から水平にトラックに沿って動かし

❷ 親指を立てた両手を交互に前後する

オリンピックではトラック競技、フィールド競技、ロード（一般道路）で実施されるマラソンと競歩、そして男子の10種目と女子の7種目の総称です。
パラリンピックでは視覚障害や知的障害から、麻痺や四肢の欠損など多岐にわたるため、極力条件を揃え、公平にレースが行えるようにクラス分けを行っています。
デフリンピックでは100m競走などにスタートの音を視覚的に伝えるスタートランプが設置されています。

使える！スポーツ手話ハンドブック

競歩（きょうほ）

❶ 右手2指を下に向け、指を交互に出しながら勢いよく前へ進め

❷ （「陸上競技」の❷と同じ）

競歩は「歩く」速さを競う種目で、常に左右どちらかの足が地面に接していなくてはならず、前に振り出した脚が接地してから腰の真下に来るまで膝が曲がってはいけないというルールがあります。明らかにルールに違反したときは審判員から選手にレッドカードが出され、累積3枚で失格となります。オリンピックで行われるようになったのは1932年ロサンゼルス大会からです。
手話は、「歩く」「競技」の組み合わせで表現しています。

バドミントン（ばどみんとん）

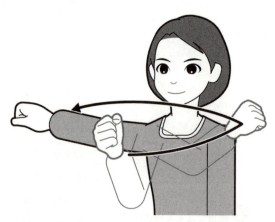

顔の高さで右手拳を左方に振り、返す手で右方へ振る

バドミントンは、1対1、または2対2で、ラケットを使ってネット越しにシャトルを打ち合い、得点を競うゲームです。シャトルは半球状のコルクに水鳥などの羽根を接着剤などで固定したもので、もし羽根が1本でも折れるとすぐに交換されます。
ラケットで打った瞬間の初速と相手コートに届くときの終速は著しく違うためバドミントンはストロークの種類が多く、ラリーがスピードや変化に富んでいることが特徴です。

◆ 10 ◆

①-1　オリンピック競技

バスケットボール（ばすけっとぼーる）

❶ 指を軽く曲げて開いた右手を腰の脇で上下させ

❷ 左手でボールを支え、右手掌を手首を使って斜め上へ素早く上げる

> 1チーム5人ずつで、屋内28m×15mのコートの中で、手を使ってパス、ドリブルなどでボールをつなぎ、相手コートのリングに投げ入れる競技です。オリンピックでは、1936年ベルリン大会より正式種目となっています。
> なお、女子は1976年モントリオール大会からオリンピック正式種目となっています。
> 手話は、ボールをドリブルしてリングに投げ入れる様子を表現しています。

3×3（三人制バスケットボール）
（すりーばいすりー　さんにんせいばすけっとぼーる）

❶ 3指を立てた両手を向き合わせて近づける

❷ （「バスケットボールの❷と同じ」）

> 3×3バスケットボールは通常のバスケットボールコートの約半分（縦11m×横15m）を使用し、3人で試合に臨みます。10分一本勝負で、2ポイントラインの外側からであれば2点、内側が1点（フリースローも1点）となります。どちらかのチームが21点先取した場合はその時点でゲームが終了となるため、5人制よりもさらにスピーディーな攻防が繰り広げられます。

使える！スポーツ手話ハンドブック

ボクシング（ぼくしんぐ）

両手を握り、ボクシングでパンチを繰り返すしぐさをする

リングの上で左右の拳にグローブを着用しパンチのみを使い、1対1で相手の上半身前面と側面のみを攻撃するスポーツです。
ボクシングの歴史は古く古代ギリシャに遡りますが、当時は肘や腕でも攻撃ができたようです。1904年セントルイス大会で、オリンピックの競技種目となりました。2008年北京大会までは男子のみでしたが、2012年ロンドン大会から女子ボクシングが採用されました。

カヌー（かぬー）

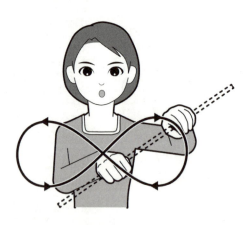

両手でカヌーをこぐ動きをする

カヌーには流れのない直線コースで一斉にスタートし着順を競う「スプリント」と、激流を下りながら吊されたゲートを順に通過してタイムと技術を競う「スラローム」があります。そしてブレード（水かき）が片端だけについているパドルで行う「カナディアン」、両端についているパドルで行う「カヤック」、さらにはシングル、ペア、フォアの区別があり、距離も3種類の組み合わせがあり、男女でスプリントが12種目、スラロームが4種目行われます。

①-1　オリンピック競技

自転車競技（じてんしゃきょうぎ）

❶ 上下に置いた両手拳で垂直の方向に円を描いて交互に回し

❷ （「陸上競技」の❷と同じ）

自転車に乗って、スピードや操作技術を競う競技です。自転車競技は大別すると、「トラックレース」、「ロードレース」、「マウンテンバイク」、「BMX」に分けられます。さらに、トラックレースはスプリント、ケイリンなどの種目、ロードレースは個人ロードレースと個人タイムトライアルの種目があります。巧みなコーナリングや周りの選手たちとの駆け引き、団体戦でのチームワークも見どころの一つです。

マウンテンバイク（まうんてんばいく）

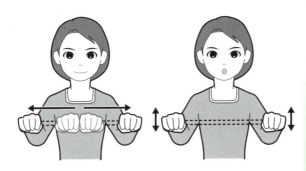

❶ 両手拳を並べて左右に引き離し

❷ 下へ2〜3回下ろす

マウンテンバイクは頑丈な自転車を使って山野を駆けめぐる自転車競技の一つで、森や野原を走る「クロスカントリー」、急勾配の坂を一気に下りタイムを競う「ダウンヒル」等があります。コースは起伏に富んだ自然の地形を利用して設置され、舗装道路は全長の15％をこえてはならないとされています。男子は40〜50km、女子は30〜40kmで行なわれ、マス（集団）スタートで着順を競います。

◆ 13 ◆

使える！スポーツ手話ハンドブック

馬術（ばじゅつ）

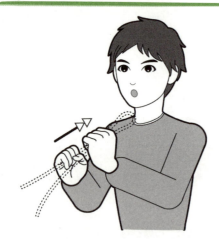

両手の拳で馬の手綱を引くように手前に2回引く

馬術は、人馬一体となった演技の正確性と芸術性を競い合う競技で、団体戦と個人戦があります。馬術は1900年パリ大会でオリンピック競技になりましたが、その時は「障害飛越」1競技のみでした。1921年に開催された国際会議の結果、オリンピックでは「馬場馬術（ドレッサージュ）」、「障害飛越（ジャンピング）」、「総合馬術（イベンティング）」の3競技で構成することが決められました。

フェンシング（ふぇんしんぐ）

左手を上げ、右手人差指を前に2回突き出す

2人の選手がセンターラインを挟んで向かい合い、片手に持った剣で互いの有効面を攻撃し合う競技で、「フルーレ」・「エペ」・「サーブル」の3種目があり個人戦と団体戦が実施されます。
使用する剣の形状や、得点となる有効面、優先権の有無などが種目ごとに異なっています。オリンピック2020年東京大会では、フルーレ・エペ・サーブルの3種目において、男女とも個人・団体の計12種目が実施されます。

①-1　オリンピック競技

サッカー (さっかー)

左手2指の輪を右手2指の人差指で蹴るしぐさをする

1チーム11人ずつで、ボールを相手ゴールに入れて点数を競うスポーツです。1863年に設立されたフットボール・アソシエーション（イングランドサッカー協会）によってルールが整備され、オリンピックでは1932年ロサンゼルス大会を除いて1908年ロンドン大会から毎大会で実施されています。女子は1996年アトランタ大会から加わりました。
デフリンピックでは聞こえない選手のために、主審は笛ではなくフラッグを使います。

ゴルフ (ごるふ)

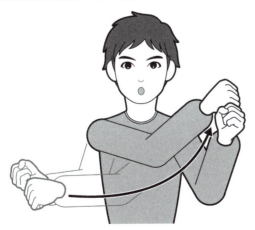

両手拳をつけ合せて、右から左へ弧を描いて振り抜く

18ホールをいかに少ない打数（ストローク）で終了するかを競う競技です。ホールごとにバンカーや池などハザード（障害物）等の設定があり、自分自身の経験やコンディション、技量を頼りにショットを行うスポーツです。
オリンピックでは、1900年パリ大会と1904年セントルイス大会で開催された後、長らくオリンピック競技からは除外されていました。112年ぶりに、2016年リオデジャネイロ大会で復活しました。

使える！スポーツ手話ハンドブック

体操 (たいそう)

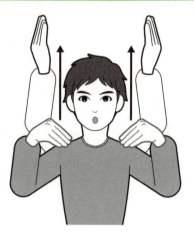

両手を肩から上に上げる

器械を用いて身体で演技を行い、技の難度や美しさ、安定性などを基準に審判員が判定を行い、得点を競う採点競技です。男子は「ゆか・あん馬・つり輪・跳馬・平行棒・鉄棒」の6種目、女子は「跳馬・段違い平行棒・平均台・ゆか」の4種目が行われます。オリンピックでは第1回の1896年アテネ大会から実施されており、当初は男子のみでしたが、1928年アムステルダム大会からは女子体操競技も行われています。

新体操 (しんたいそう)

左手人差指の先から右手人差指を小さく回転させながら右斜め前に出す

手具を使いながら音楽に合わせてリズミカルな演技を行い、芸術性を競う採点競技です。演技は13m四方のフロアマットで行われ、個人競技と団体競技の2つに大きく分けられます。個人は「ロープ・フープ・ボール・クラブ・リボン」の5つのうち、オリンピックではロープ以外の4種目を1人の選手が行います。団体は、1チーム5人の選手によって2種目が行われます。

①-1　オリンピック競技

ハンドボール (はんどぼーる)

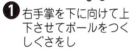

❶ 右手掌を下に向けて上下させてボールをつくしぐさをし

❷ 顔の脇から右手でボールを投げるしぐさをする

1チーム7人ずつで、ボールを手で扱ってコートの相手ゴールへと投げ入れ、得点を競う競技です。オリンピックでは1936年ベルリン大会で初めて実施された後は正式競技から外れていましたが、1972年ミュンヘン大会から再び採用されました。
競技はベルリン大会のみ屋外で、ミュンヘン大会以降は屋内で行われています。女子は1976年モントリオール大会で初めて採用されました。

ホッケー (ほっけー)

指先前向きの左手掌の上で、人差指を曲げた右手を左右に動かす

ゴールキーパー1人と10人のフィールドプレイヤーの1チーム11人の2チームで得点を競います。前・後半30分ずつ行い、試合終了時点で得点数が多いチームが勝ちとなります。
エジプトで発見された紀元前2500年頃の墓の壁画にホッケーをしている様が描かれており、ホッケーの歴史は古代エジプトまで遡るとされますが、今のホッケーの形は、イギリスのクリケット選手が、試合ができない冬場に始めたのが基礎とされています。

使える！スポーツ手話ハンドブック

柔道（じゅうどう）

両手を握り、肩から左斜め下へ同時に振り下ろす

日本の古武道の1つである柔術から発展した日本発祥のスポーツで、オリンピックでは1964年東京大会で初めて正式競技に採用されました。
試合では、白か青の柔道衣を着用した選手が、10m四方の畳の上で戦います。どちらかの選手が「一本」をとれば、その時点で試合は終了し勝敗が決します。技は100種類あり、68の「投技（なげわざ）」と32の「固技（かためわざ）」に分けられます。

近代五種（きんだいごしゅ）

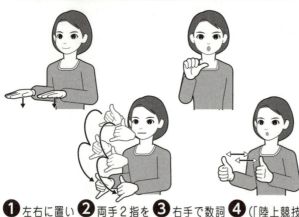

❶ 左右に置いた両手を軽く押さえるように同時に下ろし
❷ 両手2指を立てて向かい合わせ、交互に円を描きながら下ろし
❸ 右手で数詞「5」を示し
❹ （「陸上競技の❷と同じ」）

オリンピックの提唱者クーベルタン男爵が提案した1人の選手が1日に5種類の競技をこなす複合スポーツです。フェンシング ランキングラウンド（エペ）、水泳（200m自由形）、フェンシング ボーナスラウンド（エペ）、馬術（障害飛越）、レーザーラン（射撃5的＋ランニング800mを4周）の5種類をこなします。オリンピックでは1912年ストックホルム大会で正式競技となり、2000年シドニー大会からは女子も加わりました。

①-1　オリンピック競技

ボート（ぼーと）

両手で同時に2回ボートをこぐしぐさをする

選手それぞれが1人で片舷1本のオールを扱う「スウィープ」と、それぞれが両舷1本、計2本のオールを扱う「スカル」があり、漕手のほかに艇の舵を操るコックス（舵手）が乗っているかいないかによっても種目が分かれます。
出漕艇は固定されたスタートポンツーン（桟橋）に艇尾をつけ、艇首をゴールに向けスタートラインに並びます。艇の先端がゴールラインに達した順に順位を決めます。

ラグビー（らぐびー）

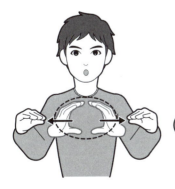
❶ 両手の親指と4指でラグビーボールを描くように左右に引き

❷ ボールを抱えて走るしぐさをする

15人ずつの2チームが、一定の規則のもとに、楕円形のボールを奪い合い、相手のゴールライン内の地面にボールをつけるか（トライ）、またはペナルティーキック・ドロップキックなどによって得点を争う競技です。1823年に英国のラグビースクールの学生がフットボールの試合中に、ルールを無視してボールを抱えて走り込んだことから始まったといわれています。オリンピックでは7人制ラグビーが実施されています。

使える！スポーツ手話ハンドブック

セーリング（せーりんぐ）

左手掌に立てた右手の手首をのせ、右から水平に弧を描いて動かす

1661年にイギリス国王とヨーク公が初めてヨットレースを行ったのがスポーツとしてのヨットの起源といわれています。1984年ロサンゼルス大会からヨット競技の一つとしてウインドサーフィンが種目に加えられました。セーリングは1900年パリ大会から実施され、1996年アトランタ大会までは「ヨット」の呼称、2000年シドニー大会から現在の「セーリング」が競技名となっています。

射撃（しゃげき）

両手で銃をかまえ、右手人差指で引き金を引くと同時に両手を後ろに引く

銃器を用いて標的を撃つ、精度の高さを競う競技で「ライフル」と「クレー」とがあります。ライフルは10mから50m先にある固定された標的の中心を狙い撃ちます。クレー射撃は散弾銃を用いて、空中に放たれるクレーと呼ばれる素焼きの小さい皿を標的として、撃ち落とします。「トラップ」、「ダブルトラップ」、「スキート」の3種目があります。なお、デフリンピックにも射撃競技があります。

①-1　オリンピック競技

卓球（たっきゅう）

指先を左に向けた右手甲で打った左手2指の輪（球）を前へ出す

シングルスの試合形式は1ゲーム11ポイントの7ゲームマッチで、4ゲーム先取した選手が勝利となります。団体ではシングルスとダブルスを組み合わせた5試合で3試合を先取したチームが勝者となります。
男子・女子ともに正式競技としてオリンピックに登場したのは1988年ソウル大会で、男女それぞれシングルス・ダブルスの4種目でしたが、2008年北京大会より男女シングルス・男女団体等の5種目が実施されています。

テコンドー（てこんどー）

2指を立てた両手を交差させて両胸にあてる

頭からすっぽりかぶる道着を着て、ヘッドギア・胴プロテクターなどを装着して1対1で試合をします。ボディへのパンチと腰から上へのキックで得点を競います。空手と比べて多彩な蹴り技があることが特徴です。韓国で戦後、国技として普及しました。オリンピックでは1988年ソウル大会、1992年バルセロナ大会で公開競技となった後、正式競技に採用された2000年シドニー大会で岡本依子選手が銅メダルを獲得しました。

使える！スポーツ手話ハンドブック

テニス（てにす）

ラケットを握った右手で右から前へ振り、手首を返して左から前へ振り上げる

1対1（シングルス）、または2対2（ダブルス）で、ラケットを使ってネット越しにボールを打ち合い、得点を競うスポーツです。オリンピックにおけるテニス競技には、男子、女子それぞれにシングルスと、ダブルスがあり、さらに2012年ロンドン大会からは男女ペアで行うミックスダブルスが加わっています。
なお、明治時代にテニスが日本に伝わった際、ゴムボールを使用したのが軟式テニスの始まりと言われています。

トライアスロン（とらいあすろん）

開いた左手2指の内側に沿って右手2指を動かし、三角形を描く

スイム（水泳）1.5km、バイク（自転車）40km、ラン（長距離走）10kmの順で1人で連続して行う競技で、着順を競う競技です。トランジション（競技種目の転換、スイム→バイク、バイク→ラン）エリアでは、着ているもの、履くものなどを種目にあわせて取り替えたりします。トライアスロンは、着順を競う競技のため、世界記録はありません。
日本では2016年から国民体育大会の正式競技となりました。

◆ 22 ◆

①-1　オリンピック競技

バレーボール（ばれーぼーる）

指を軽く曲げて開いた両手掌を前に向け、斜め上へ素早く2回上げる

ネットによって分けられた18m×9mのコートで、2つのチームがネット越しにボールを打ち合う球技です。ボールを落とさずに、3回以内のタッチで相手コートに返球します。どちらかのチームがコート内に落球したり、大きくはじいてアウトになったり、また反則によってボールを繋げなくなるまで、ボールを打ち合うラリーが続きます。バレーボールは1964年東京大会からオリンピックの正式種目となっています。なお、デフリンピック2017年サムスン大会では、日本女子バレーチームが4大会ぶりに金メダルを獲得したことが大きな話題となりました。

ウエイトリフティング（うえいとりふてぃんぐ）

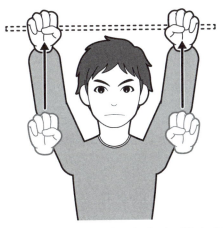

両手でバーベルを肩から上に上げるしぐさをする

「スナッチ」と「クリーン＆ジャーク」を、それぞれ3回ずつ試技を行い、それぞれのベスト重量の合計で順位を競います。バーベルを頭上に挙げ、3人のレフリーの内、2人以上が白いランプをつけた場合に「成功」となります。男女別・体重別の階級に分かれ競技を行い、日本では国民体育大会やインターハイなどで行われています。オリンピックでは女子が2000年シドニー大会から、正式競技となりました。

使える！スポーツ手話ハンドブック

レスリング（れすりんぐ）

甲を上に向けて両手2指をからませて逆方向にねじり合う

円形のマット上で用具や防具を使うことなく1対1で対戦します。レスリングには上半身のみを使って防御・攻撃を行う「グレコローマンスタイル」、全身を自由に使って防御・攻撃を行う「フリースタイル」の2つの種別があり、競技者の体重により階級を分けます。グレコローマンスタイルは古代オリンピックの時代から行われており、近代オリンピックでも第1回アテネ大会から正式競技となっています。

○ 東京オリンピックの追加競技 ○

　2016年のリオデジャネイロで開かれたIOC（国際オリンピック委員会）総会で、2020年東京オリンピックの追加競技が決まりました。
　●野球／ソフトボール　　●空手
　●スケートボード　　　　●スポーツクライミング
　●サーフィン
の合計5競技（18種目）です。かつてオリンピック競技だった野球（男子）とソフトボール（女子）は1つの競技として復活しています。スポーツクライミングは、ボルダリング・リード・スピード複合の3種目があり、特にボルダリングは身近なスポーツとして若い世代を中心に幅広い人気があります。
　次のページからは追加された5競技の手話表現を紹介しています。

①-1　オリンピック競技

野球（やきゅう）

両手でバットを振るしぐさをする

9名ずつの2チームが対戦し、3つのアウトを取ることによって攻撃側と守備側をチェンジしながら得点を重ねて勝敗を競う競技です。オリンピックでは1984年ロサンゼルス大会と1988年ソウル大会で公開競技として実施、1992年バルセロナ大会から正式競技に採用。2012年ロンドン大会および2016年リオデジャネイロ大会では正式競技から除外されましたが2020年東京大会においては開催都市提案による追加競技として実施されます。

ソフトボール（そふとぼーる）

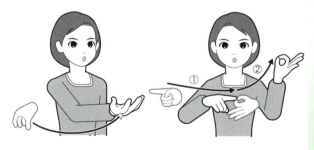

❶ 指先を下に向けた右手を体の脇から前へ振り出し
❷ 左手2指の輪（球）を右手人差指（バット）で打つ

ゲームの進め方などの基本的なルールは野球と同様に、各9名の2チームが攻撃と守備を交互に行います。7回終了時点で得点の多いチームが勝利となります。グラウンドのサイズや使用球などが野球と大きく異なっています。オリンピックでは女子のみが1996年アトランタ大会から正式競技として採用され、2008年北京大会まで実施されました。2020年東京大会では女子のソフトボールが男子の野球と共に追加競技として実施されます。

使える！スポーツ手話ハンドブック

空手（からて）

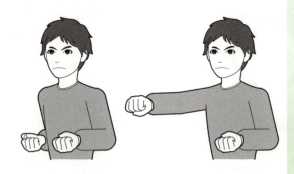

❶ 両手拳の掌側を上に向けて腰の両脇に構え

❷ 左手を残し、甲を上向きに回して右手を前に鋭く突き出す

空手の競技には大きく分けて「形」と「組手」があります。形は、仮想の敵に対する攻撃技と防御技を一連の流れとして組み合わせた演武で、世界空手連盟（ＷＫＦ）が認定しているものから選択して行います。
組手は、８ｍ四方の競技場で２人の選手が１対１で戦います。攻撃は相手の決められた部位に対して、良い姿勢で威力のある攻撃を行い、適切にコントロールされた技がポイントとなります。

スケートボード（すけーとぼーど）

指先前向きの左手掌（ボード）に右手２指を乗せ、少し上げて前に下ろす

「パーク」「ストリート」の２種があり、「パーク」はお椀型のボールや様々な湾曲面を複雑に組み合わせたコースを使用し、「ストリート」は街中に存在するような階段や縁石、斜面や手摺などを模したコースを使用します。独創性、構成、スタイル、完成度が評価され、さらに「パーク」ではエアートリック（飛び）の高さやスピードを、「ストリート」では様々なトリックにおけるボードコントロールを総合的に評価する採点競技です。

◆ 26 ◆

①-1　オリンピック競技

スポーツクライミング（すぽーつくらいみんぐ）

❶（「スポーツ」と同じ）　❷ 5指を折り曲げた両手で岩を登るように交互に3回上げる

3つの種目（リード・ボルダリング・スピード）の合計で順位がつけられます。リードはロープで安全が確保された選手が12mを超える壁を登り、制限時間内での到達高度を競います。ボルダリングは高さ5m以下の壁に設定された複数のコースを制限時間内にいくつ登れたかを競います。スピードは高さ15mの壁に予めホールドの配置が周知された同一条件のルートを駆け登るタイムを競います。

サーフィン（さーふぃん）

左手掌に右手2指を立て、左右に動かしながら前へ出す

選手が波に乗り、いかに難易度が高く創造性や革新性に優れた技を行い、さらに一本のライディングの中で、いかにバラエティー豊かな技を繰り出すかを総合して複数の審査員が採点して一本のライディングの得点を決定します。そして、各選手が競技時間内に獲得した得点の中から、2本の高得点の合計点により勝敗を決める競技です。オリンピック2020年東京大会で「ショートボード」が開催されることが決定しました。

○ デフリンピックとその意義について ○

　聴覚障害は"目に見えない障害"といわれています。

　聞こえる人と競技やスポーツをする上で、「聞こえない」ということは大きなハンデとなってしまいます。

　例えば陸上競技や水泳競技では合図の音が聞こえず、スタートが遅れてしまい、どうしても聞こえる選手と比べて、不利になってしまいます。また、サッカーやバレーなどの団体競技では、選手同士やコーチからの声かけが聞こえず、次への動きをとることが難しくなりがちです。

　デフリンピック（Deaflympics）は、耳の聞こえない選手のための国際的なスポーツ大会です。なお、「Deaf」は英語で耳が聞こえない人という意味です。1924年に初めてフランスで夏季大会が開かれ、オリンピックと同じように4年に1度、夏季大会と冬季大会が2年ごとに交互に開催されています。

　デフリンピックの競技ルールはオリンピックと同じルールですが、陸上競技や水泳競技はスタートの際、音の代わりにフラッシュランプを使って知らせたり、サッカーやラクビーでは審判が笛を吹くかわりに旗または片手をあげたりすることで選手に告げる方法が用いられています。

　また、競技会場に入ったら選手たちは試合や練習の際、補聴器等を装用することは禁止されています。これは、選手同士が聞こえない立場でプレーするという公平性の観点によるものです。

　視覚的な情報保障がなされた競技環境で、お互いが公平に聞こえない立場でプレーをする、聞こえない選手のための国際的なスポーツ大会、それがデフリンピックであり、そこにデフリンピックの意義があるのです。

①-2

競技名

使える！スポーツ手話ハンドブック

ボウリング（ぼうりんぐ）

親指、中指、薬指を曲げ、ボールを下から投げるすぐさをする

> レーン上にピンと呼ばれる的が10本、手前に頂点が向く正三角形に整列され並べられ、プレイヤーはピンを狙ってボールを転がし、倒したピンの数の合計を競います。1ゲームは10フレームから構成され、基本は一人で競技し、対戦はスコアの比較で行います。
> 日本では1861（文久元）年6月22日に長崎で日本初のボウリング場が開設されたことを記念し、6月22日を「ボウリングの日」としています。

フットサル（ふっとさる）

拳にした左手を右手掌で蹴る動作を繰り返す

> ピッチは20m×40mが基本で、サッカーの9分の1ほどの広さを5人ずつ2チームで対戦します。試合時間は20分ハーフで選手の交代は自由です。オフサイドはなく、キックインやフリーキックなどは4秒以内に行わないと相手ボールになります。
> サッカーをコンパクトにしたようなものというイメージがあるかもしれませんが、フットサルとサッカーには様々な違いや観戦やプレーの楽しみ方があります。

①-2　競技名

相撲（すもう）

胸前あたりで両手を交互に前に押し出すように動かす

裸でまわしをつけ、素手の二人が、土俵内で相手を倒すか、または土俵外に出すことによって勝負を争う競技です。古くは武術・農耕儀礼・神事として行われ、平安時代には宮中の年中行事として相撲（すまい）の節（せち）が行われました。室町時代に至って職業力士が生まれ、近世になり決まり手・禁じ手等が定められました。相撲の起源は古事記や日本書紀にある力比べから始まるとされ、一般に日本の国技とされています。

弓道（きゅうどう）

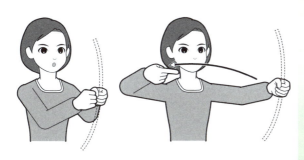

左手の拳を前に立てて、右手の拳を引きながら人差指を伸ばす

弓で矢を射る術の修練を通して心身の鍛錬を狙いとする、日本の伝統的弓射文化の総称です。
アーチェリーは洋弓を、弓道は和弓を使い、またアーチェリーは的の中心に近づくほど点数が上がりますが、弓道は的にあたったかどうかで判定します。
アーチェリーが技術や命中精度を追求するのに対し、弓道は体配、射技、弓道の理解も審査するなど、精神修養面も追求した競技といわれています。

使える！スポーツ手話ハンドブック

ゲートボール（げーとぼーる）

ゲートに見立てた左手2指を右手の指文字「ケ」形の指で2回たたく

> 5人一組で2チームに分かれ、各自が木球またはプラスチック球をT字型のスティックで打って三つのゲートを順次くぐらせ、コート中央のゴールポールに当てる競技です。1947（昭和22）年に日本で鈴木栄治によって考案されました。試合時間は30分。元々は戦後の物資不足で遊び道具のない子どもやまた子供の不良化防止のためにと生まれたスポーツでしたが、動きの激しくない点が高齢者向きとされ、全国各地に普及しました。

グラウンドゴルフ（ぐらうんどごるふ）

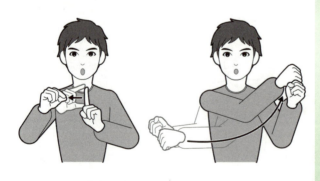

❶ 左手人差指に右手2指の指先をつけ、右へ短く引きながら閉じ
❷ （「ゴルフ」と同じ）

> ゴルフに似たレクリエーション向けのスポーツで、ホールポストとよばれる輪に向けてクラブでボールを打ち、打数を競います。必要とするプレー時間は、標準的なコースで8ホール30分強、グラウンドゴルフ交流大会では35チーム200人で、8ホール回るのに2時間30分が目安です。1982年に鳥取県東伯郡泊村（現・湯梨浜町）教育委員会が生涯スポーツ活動推進事業の一環として、泊村教育委員会が中心になり考案されました。

①-2 競技名

フライングディスク（ふらいんぐでぃすく）

広げた左手2指の間に向けて、フリスビーを右手で投げるしぐさをする

初期の頃は玩具として使用されましたが、優れた飛行特性を活かした11種目が生み出され、プラスチック製ディスクと種目を総称する一般名称「フライングディスク」が1984年に制定。スポーツ競技としては1950年代にはフライングディスク競技として「ガッツ」が行われていました。現在では、WFDF（World Flying Disc Federation）の公認種目は11種目、このうち代表的な競技はアルティメットとディスクゴルフで、ワールドゲームズの正式種目になっています。

ローラースケート（ろーらーすけーと）

両手2指の輪を蛇行させながら前へ出す

底に小さな四個の車輪の付いた靴で、平らな床面を滑走するスポーツです。「スピード」「フィギュア」「ホッケー」の三つに大別され、「スピード」は、一定距離の滑走スピードを競うもので、競技種目は短距離のタイムトライアル、スクラッチレース、中長距離はオープンレース。このほかポイントレース、リレーなどもあります。「フィギュア」は、男子・女子の規定、男子・女子のフリー、ペア、ダンスの4種。「ホッケー」は5人ずつの2チームで、スティックを使ってボールを相手ゴールに入れあいます。

使える！スポーツ手話ハンドブック

フットベースボール（ふっとべーすぼーる）

軽く握った左手（ボール）を右手の甲側で蹴るしぐさをする

サッカーボールなどを用いて行う野球に似た球技で、ルールや試合の進め方は野球に近いですが、打者は腕を使わずボールを蹴って飛ばし守備側の捕球や送球には手を使います。パラリンピックでは知的障害のある選手が1チーム9人で競技をします。男女の区分はありません。ルールはソフトボールを基本としていますが、バットやグローブは使わずに、ピッチャーがサッカーボールを転がし、キッカーがそれを蹴ってプレーします。

オリエンテーリング（おりえんてーりんぐ）

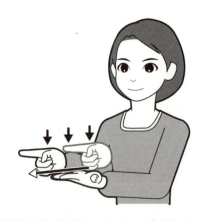

人差指を前に伸ばした右手の小指側で左手掌をたたいて前へ進める

地図上に示されたいくつかの地点をできるだけ短時間に探し当てて回る競技です。ドイツ語ではOrientierungslauf（略してOL）といい、「方向を定める」という意味のOrientierenと「走る」という意味のLaufの合成語です。形式や種類も多く、自己の能力にあったクラスで参加することができます。オリンピックやパラリンピックにはありませんが、デフリンピックでは正式競技となっています。

①-2　競技名

パワーリフティング（ぱわーりふてぃんぐ）

❶ 腕を曲げて立てた右手拳を体の方へ力強く引き

❷ （「ウエイトリフティング」と同じ）

> バーベルを使って、その重さを競う競技です。挙げ方にスクワット・ベンチプレス・デッドリフトの3種類があり、各3回ずつ挙上します。頭上に上げない点がウエイトリフティング（重量挙げ）と異なります。体重別の階級に分かれ競技を行います。
> なお、ウエイトリフティングはオリンピック種目ですが、パワーリフティングはオリンピック種目には採用されていません。

○「デフリンピック」にまつわるよもやま話 ○

パラリンピックよりも古い…

　デフリンピックのもとの名称は「国際ろう者スポーツ大会」。この大会の第1回のスタートの火蓋が切られたのはフランスのパリでした。それは1924年のことであり、1960年にスタートしたパラリンピックよりも古い歴史があります。

　さらに、ＩＳＣＤ（国際ろう者スポーツ委員会、ＣＩＳＳとも言います）は1924年に設立された組織体であり、障害者スポーツ組織としては世界最古のものとされています。2017年にトルコで開かれたデフリンピックは、夏季大会では第23回となります。冬季は2015年のロシアで開催された大会が第18回です。　　　　（P36へつづく）

創ったのは誰？

　ユージーン（1884～1963）というフランス人のろう者が提唱し、創ったとされています。別名「ウジェーヌ・ルーベンスーアルケー」とも呼ばれています。

　当初は、パリにスポーツクラブを作る取り組みをしていました。その後、フランス聾唖者スポーツ連盟の理事長などの要職を歴任した彼は、（近代オリンピックの父と呼ばれる）クーベルタン男爵が主張したオリンピックの理念に共鳴し、国際聾唖スポーツ大会を開催したといいます。盟友のアントワーヌ・ドレスとともに国際聾唖スポーツ委員会を立ち上げました。

　彼はデフリンピックの委員会会長を1924年当初から29年間も務めました。本職は自動車修理工で、自転車愛好者でもありました。彼は慎ましい生活をしていたとのことですが、人生の大半をろうスポーツ界に捧げたとされています。彼は「聾のクーベルタン男爵」と呼ばれました。

もう一人の盟友が…

　「聾のクーベルタン男爵」ごとユージーンには盟友がいました。アントワーヌ・ドレス（1902～1998）というベルギー人のろう者です。銀行家や財界人を出した家系に生まれ、証券会社の幹部でもあったので、資産家であったと思われます。

　彼は、国際ろう者スポーツ委員会の初代事務局長を1967年に引退するまで43年間務めるなど、デフリンピックとろう者スポーツの発展に多大な貢献をしました。それだけでなく、彼は自身も陸上やテニスの選手としてデフリンピックに参加するほどの文武両道の人物で、1928年に開催された第2回デフリンピックでは400m競走で銀メダルを獲得しました。

①-3 冬スポーツ

使える！スポーツ手話ハンドブック

スキー（すきー）

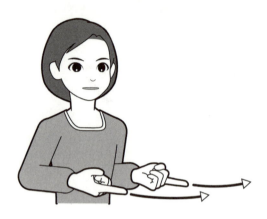

掌を上に向け、揃えて置いた両手人差指を同時に前へ出す

長い2本の板を使って雪山を登り、滑降して楽しむスポーツのことです。競技としてのスキーには、アルペン、クロスカントリー、スキージャンプ、ノルディック複合、バイアスロン、フリースタイルの種類があります。

アルペン（あるぺん）

左手の甲の上を右手の指文字「ア」を滑らせる

オリンピックのアルペンスキー競技は、1936年ガルミッシュ・パルテンキルヘン大会で初めて男女複合が実施されました。1948年サンモリッツ大会で男女の滑降と回転の2種目が追加、1952年オスロ大会から男女複合に代わり男女大回転が追加。1988年カルガリー大会で再び男女複合が復帰、男女スーパー大回転が追加され全5種目となりました。2014年ソチ大会より男女複合に変わり、スーパー複合で実施されました。

①-3　冬スポーツ

スキージャンプ（すきーじゃんぷ）

2指を立てた右手を左手甲にのせ前方へ弧を描いて出す

> ノルディックスキー競技のひとつです。ジャンプ台と呼ばれる専用の急傾斜面を滑り降りて（助走）、そのまま角度の付いた踏み切り台から空中に飛び出し、専用のスキー板と体を使ってバランスをとり、滑空します。その飛距離と姿勢の美しさ、「美しく、遠くへ跳ぶ」ことを競う競技です。

ノルディック複合（のるでぃっくふくごう）

❶ 4指を立てた左手の人差指側から右手2指で「N」を描き

❷ 甲を前に向けて伸ばした左手2指を右手で握って斜めに抜き上げる

> スキーのノルディック種目のうち、ジャンプと距離の総合成績で順位を決める競技です。オリンピックでは1924年シャモニー・モンブラン大会から実施。当初は個人種目のみ行われていましたが、1988年カルガリー大会より団体種目が追加され、2002年ソルトレークシティ大会からは新たに個人スプリントが加えられました。2010年バンクーバー大会からは個人種目はノーマルヒルとラージヒルに再編されました。

冬スポーツ

使える！スポーツ手話ハンドブック

クロスカントリー（くろすかんとりー）

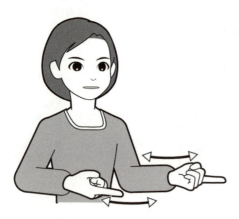

掌を上に向けた両手人差指を交互に前へ出す

走法の異なるクラシカル走法とスケーティング走法のどちらか一方、または両走法を組み合わせた複合によって争われます。オリンピックでは1924年シャモニー・モンブラン大会から実施されました。1936年ガルミッシュ・パルテンキルヘン大会よりリレーが追加され、1952年オスロ大会から女子種目も追加されました。

バイアスロン（ばいあすろん）

左手の2指を伸ばし、人差指と中指の指先を前に向けた右手を前に出す

日本語では冬季近代二種競技ともいい、クロスカントリースキーの動と、ライフル射撃の静を組み合わせた競技です。オリンピックではミリタリー・パトロールという名称で行われていましたが、1960年のスコー・バレー大会以来、バイアスロンという名称で正式種目になりました。種目は「スプリント」、「パシュート」、「インディビジュアル（個人競技）」、「マススタート」、「リレー」等があります。

①-3　冬スポーツ

 フリースタイル（ふりーすたいる）

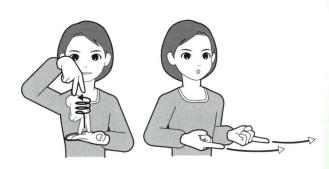

❶ 左手掌に右手2指の先をあてて回転しながら上げ

❷ （「スキー」と同じ）

ジャンプや宙返りなどの曲技的な演技を行い、その技術や華麗さを競うものです。オリンピックでは1988年カルガリー大会で「モーグル」、「エアリアル」、「バレエ」の3種目が公開競技として実施され、2010年バンクーバー大会で「スキークロス」が正式種目に追加採用され、2014年ソチ大会では「ハーフパイプ」、「スロープスタイル」も正式種目になりました。

冬スポーツ

 スノーボード（すのーぼーど）

両手を前後にずらしてつけ、左方に急旋回させる

「大回転（パラレル大回転）」、「ハーフパイプ」、「スノーボードクロス」の3種目があります。大回転は旗門が設置されたコースを滑走しタイムを競います。パラレル大回転は並行する二つのコースを2人が入れ替わって2度滑走し、合計タイムを競います。ハーフパイプは半円筒形のコースで空中ジャンプや宙返りなどを行ない技の難易度や空中での高さなどの得点を競い、スノーボードクロスはこぶや旗門が設定されたコースを複数人で同時に滑り順位を競います。

使える！スポーツ手話ハンドブック

スケート（すけーと）

両手の指を前に向け、交互に斜め前へ出す

靴の底にブレード（板）を取り付けた、氷上を滑走するための用具を用いてスピード、ジャンプ、演技の美しさなどを競うスポーツです。スケート靴はスピードスケート用・フィギュアスケート用・アイスホッケー用の3種があります。

スピードスケート（すぴーどすけーと）

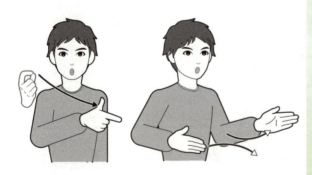

❶ 右手2指のつまみを開きながら左斜め下へ素早く動かし

❷ （「スケート」と同じ）

1周400mのスケートリンクを周回し、ゴールタイムを競う競技です。広義では、1周111.12mのトラックを使うショートトラックスケート競技を含めることもあります。オリンピックでは、男子500m・1000m・1500m・5000m・10000m、女子500m・1000m・1500m・3000m・5000mの個人種目があるほか、2006年トリノ大会から国別対抗団体種目として「団体追い抜き（チームパシュート）」が採用されました。

42

①-3　冬スポーツ

フィギュアスケート（ふぃぎゅあすけーと）

左手の掌の上で、中指を伸ばした右手の人差指を回す

フィギュアスケートは、スケートリンクの上でステップ、スピン、ジャンプなどの技を組み合わせ、音楽に乗せて滑走する競技です。シングルスケーティング、ペアスケーティング、アイスダンスは冬季オリンピック正式競技です。
また、団体で演技するシンクロナイズドスケーティングも世界選手権が行われています。

ショートトラック（しょーととらっく）

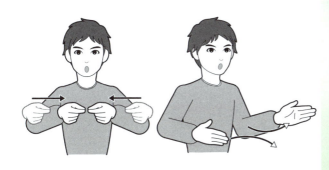

❶ つまんだ両手2指の指先を向き合わせ、左右から近づけ

❷ （「スケート」と同じ）

ショートトラックスピードスケートは、アイススケート競技のうち、アイスホッケーやフィギュアスケートと同じサイズの室内スケートリンクで行われる競技のことです。1周111.12 mのトラックを、1回の競走で数人（通常4～6人）の選手が同時に左回りに滑り、順位を競います。タイムトライアルではなく着順で優劣を決めることから、「氷上の競輪」とも呼ばれています。

使える！スポーツ手話ハンドブック

アイスホッケー（あいすほっけー）

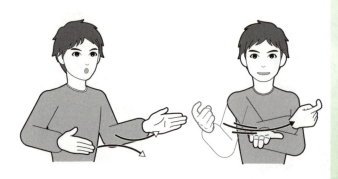

❶（「スケート」と同じ）　❷ 指先前向きの左手掌の上で、人差指を曲げた右手を素早く左に動かす

天然または人工氷のスケートリンク上で、スケート靴を履いて行う団体スポーツ競技です。2チームが長方形（楕円形）をしたリンクの中で、スティックを用いて硬質ゴムでできた扁平な円柱状のパックを打ち合い、相手方のゴールに入れることでその得点を競うゲームです。選手同士が激しくぶつかり合うこともあることから「氷上の格闘技」とも呼ばれています。

ボブスレー（ぼぶすれー）

指先前向きの左手掌に右手2指を曲げた右手をのせて同時に素早く前に出す

独特な形状と機構を持つ専用のそりに乗って、氷が張ったコースを滑走して、タイムを競う競技です。最高速度は130km/h〜140km/hに達し、「氷上のF1」と呼ばれています。2人乗りと4人乗りがあります。

①-3 冬スポーツ

スケルトン（すけるとん）

指先を前に向けた左手掌に伸ばした右手2指を手前に向けてのせ、同時に素早く前に出す

きわめて簡易な構造の小さなソリの上に頭を進行方向に向けうつ伏せの状態でソリに乗って滑走し、全長1300m〜1500mのコースの速さを競う競技です。滑走2回または4回の合計タイムで争います。
1人乗りのみの競技です。

リュージュ（りゅーじゅ）

指先前向きの左手掌にばした右手2指を前に向けてのせ、同時に素早く前に出す

滑走面にスチールが取り付けてあり、ハンドル・ブレーキがなく、手綱で操作する小形の木製のソリを使います。ソリの先に足を乗せる状態で仰向けに乗り、氷で固められたコースを滑り降りて、そのタイムを競う競技です。1人乗りと2人乗りがあります。

冬スポーツ

使える！スポーツ手話ハンドブック

カーリング（かーりんぐ）

親指を前に向けて曲げた右手を滑らせるように前へ出す

氷上で行われるウィンタースポーツです。4人ずつ2チームで行われ、目標とする円をめがけて各チームが交互に8回ずつ石（ストーン）を氷上に滑らせ、石を円の中心により近づけたチームが点を獲得します。これを10回繰り返し、総得点で勝敗を競います。石の重さは約20kgあります。ハーフタイムにおやつを食べながら話す時間は正式には「デッドタイム」といい、水分や糖分を補給しながら後半の戦術について作戦会議をする時間で、重要な意味を持っています。

スノーシューイング（すのーしゅーいんぐ）

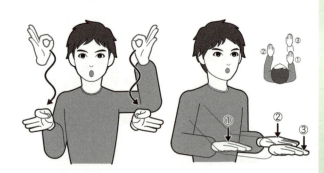

❶ 両手2指の輪をひらひらさせながら上から下へ下ろし

❷ 掌を下に向けた両手を交互に前に出す

スノーシューを履いて雪原や森をハイキングします。日本古来のカンジキに比べ、装着が楽で雪面と接する面積が広いため深雪でも潜りません。主に山麓などを歩くため、本格的な雪山技術がいらず、初心者でも始めやすいとされています。

①-4 障害者スポーツ

使える！スポーツ手話ハンドブック

ボッチャ（ぼっちゃ）

掌を上に向け5指を軽く曲げた左手に同様の右手を上に少し弧を描いてあてる

白いボール（ジャックボール・目標球）に向かって赤と青、それぞれ6個のボールを投げる、転がすなどして、どれだけジャックボールに近づけられるかを競う競技です。1対1の個人戦、2対2のペア戦、3対3のチーム戦の3種目があり、男女混合で行います。ボールを手で投げることができない選手は足でボールを蹴ったり、競技アシスタントとともにランプ（勾配具）と呼ばれる小さな滑り台のような用具を使ってボールを転がします。

ゴールボール（ごーるぼーる）

❶ 右手掌で両目を覆い　❷ 両手を素早く右斜め上に出し　❸ 両手を素早く左斜め上に出す

1チーム3人の選手が目隠し（アイシェード）を装着して18m×9mのコートの中でたたかいます。攻撃側は相手ゴールに向かって、バスケットボールとほぼ同じサイズの、鈴が2個入ったボールを転がすように投球し、相手ゴールを狙います。守備側は、ボールの音や相手の足音を聞き分け、3人で体全体を使って幅9m、高さ1.3mのゴールを守ります。音を頼りに競技するため音を出さないように観戦しなければなりません。

①-4 障害者スポーツ

パラ陸上 (ぱらりくじょう)

❶ 右手小指側で左手の腕を切り　❷ 左手小指側で右手の腕を切り　❸ (「陸上競技」の❶と同じ)

障害は選手により異なるため、極力条件を揃えて公平に競えるようにそれぞれの障害の種類や程度、運動機能などにより選手をクラスに分け、クラスごと、あるいは近いクラスを合わせた統合クラスで行います。跳躍競技には走高跳、走幅跳、三段跳があり、投てき競技には砲丸投、やり投、円盤投に加え、パラリンピック独自の種目、こん棒投がありますが、実施される種目やクラスは大会ごとに検討され決定されます。

パラパワーリフティング (ぱらぱわーりふてぃんぐ)

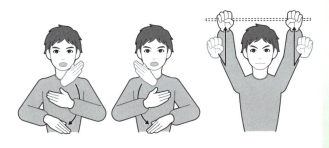

❶ (「パラ陸上」の❶と同じ)　❷ (「パラ陸上」の❷と同じ)　❸ 両手でバーベルをいったん少し下ろしてから上に上げる

下肢（下半身）に障害のある選手が、上半身の力を使って、バーベル（おもりのついた棒）を持ち上げ、その重量の記録を競うスポーツです。障害の種類や程度によるクラス分けはなく、試合は体重別に行われます。ただし、切断の選手はその分、体重が軽くなるため、切断の範囲に応じて自分の体重に一定の重量が加算されます。パラリンピックでは、あお向けに寝て、上半身の力でバーベルを持ち上げる「ベンチプレス」が行われます。

使える！スポーツ手話ハンドブック

パラ水泳 (ぱらすいえい)

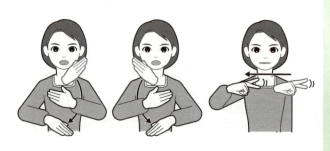

❶（「パラ陸上」の❶と同じ）　❷（「パラ陸上」の❷と同じ）　❸（「水泳」と同じ）

> パラ水泳は第1回である1960年ローマ大会から行われています。競技はできるだけ条件を揃え公平に行えるよう、選手は障害の種類や程度、運動機能などによりクラス分けされ、それぞれのクラスごとに競います。ルールはオリンピックとほぼ同じですが、選手の障害に合わせて、スタート方法など一部が変更されています。

パラ射撃 (ぱらしゃげき)

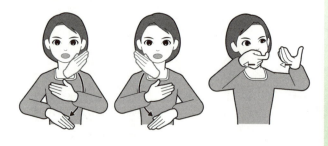

❶（「パラ陸上」の❶と同じ）　❷（「パラ陸上」の❷と同じ）　❸（「射撃」と同じ）

> 空気銃（エア）と火薬銃、的までの距離、撃ち方（立って撃つ「立射」と、うつ伏せで撃つ「伏射」）などで種目が分かれています。車イスの選手は、立射を車イスに座った状態で、伏射をテーブルにひじをついた状態で撃ちます。出場選手は状態によって「ＳＨ１（銃器を自分の腕で保持し射撃する）」か、「ＳＨ２（規定のスタンドを用いて銃器を保持し射撃する）」のいずれかのクラスに分類されます。

①-4 障害者スポーツ

シッティングバレーボール
（しっていんぐばれーぼーる）

❶ 左手2指に右手の折り曲げた2指をのせ

❷ （「バレーボール」と同じ）

床にお尻をつき、座った姿勢でプレーする6人制のバレーボールです。ボールは一般のバレーボール球と同じですが、コートは一般のバレーボールよりも狭く、座って行えるよう、ネットの高さも低く設定されています。サーブ、スパイク、ブロックの時は、お尻を床から離すことはできませんが、レシーブの時だけは、一瞬床から離すことが認められています。

車イスバスケットボール
（くるまいすバスケットボール）

❶ 腹の脇で両手人差指の指先を向かい合わせて同時に回し

❷ （「バスケットボール」の❷と同じ）

1チーム5人、コートの広さ、ゴールの高さなどは一般のバスケットボールと同じですが、ボールを持ったまま車イスの車輪を3回以上回すと「トラベリング」になるなど、車イスで行うという特徴に合わせたルールがあります。試合では選手どうしが接近して車イスがぶつかり合うことがあるため、使用される競技用車イスは前方に足を保護する「バンパー」が取り付けられ、同時に転倒時フロアーに傷がつかないよう工夫されています。

使える！スポーツ手話ハンドブック

車イスフェンシング
（くるまいすふぇんしんぐ）

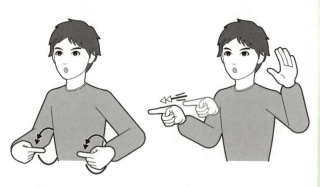

❶（「車イスバスケットボール」の❶と同じ）

❷（「フェンシング」と同じ）

脊髄損傷や下肢切断による、下肢に障害のある人を対象とする車イスフェンシングは、「ピスト」と呼ばれる装置に固定した競技用車イスに座り、上半身だけで競技します。相手を剣で突くとポイントになるなど、ルールは立って行うオリンピックのフェンシングとほぼ同じです。選手は座位バランス能力などにより、カテゴリーAとBの2つのクラスに分かれ、3種目で競います。

ウェルチェアラグビー
（うぇるちぇあらぐびー）

❶（「車イスバスケットボール」の❶と同じ）

❷ラグビーボールを投げるしぐさをする

四肢に障害のある人向けに考案された、車イスで競技するチームスポーツです。相手の攻撃を阻止したり防御を打破するため、車イスによるタックルが認められているので、激しい衝突に耐えられるよう、頑丈かつ形状に工夫がなされた専用の車イスを使用します。1チーム4人で構成され、1試合で8分間のピリオドを4回行います。バスケットボールのコートを使用し、バレーボールを参考に開発された専用ボールをゴールまで運びます。

①-4　障害者スポーツ

車イステニス（くるまいすてにす）

2バウンドまでの返球が認められている以外はテニスと同じルール、コートの広さ、ネットの高さ、用具で行われます。試合カテゴリーは男女シングルス、ダブルスに加え、四肢まひの重度障害がある選手を対象とした、男女混合の「クアード」があり、それぞれシングルスとダブルスがあります。クアードの選手は障害の程度により、電動車イスの使用やラケットと手をテーピングで固定するなどが認められています。

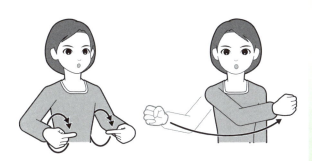

❶（「車イスバスケットボール」の❶と同じ）
❷ 胸の高さで右手拳を左方に振る

パラアイスホッケー（ぱらあいすほっけー）

パラリンピックで行われるアイスホッケーのことです。スケートの刃を2枚付けた専用のそり「アイススレッジ」に乗り、短い2本のスティックを使用する以外はアイスホッケーと同じです。

❶ 指先前向きの左手掌に右手2指を曲げた右手をのせて素早く前に出し
❷ 残した左手掌の上で、人差指を曲げた右手を素早く左に動かす

◆ 53 ◆

使える！スポーツ手話ハンドブック

車イスカーリング
（くるまいすかーりんぐ）

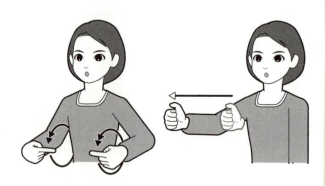

❶（「車イスバスケットボール」の❶と同じ）

❷（「カーリング」と同じ）

車イスで競技するカーリングで、1990年代にヨーロッパで生まれた障害者スポーツの1つです。現在はパラリンピックの正式競技となっています。チェアカーリングとも呼ばれています。

フロアバレーボール
（ふろあばれーぼーる）

❶（「ゴールボールの❶と同じ」）

❷ 胸前あたりで、指を軽く曲げて開いた両手掌を前に2回出す

フロアバレーボールは全盲や弱視の視覚障害者と健常者が一緒にプレーできるように考案されている球技です。チームは前衛3人、後衛3人の計6人で構成され、前衛選手はアイマスクもしくはアイシェードを着用し、何も見えない状態で行います。後衛選手は、ボールを目で見てプレーをします。

①-4　障害者スポーツ

フロアホッケー（ふろあほっけー）

❶（「ゴールボールの❶と同じ」）　❷（「アイスホッケー」の❷と同じ）

> スペシャルオリンピックスの競技の中で最も古い競技の一つで、アイスリンクのできない地域でもできるようにとスペシャルオリンピックスがルールを独自に考案して生まれた冬季の公式スポーツ競技です。1チームは最低11人〜最大16人までで構成されます。ゴールキーパーを含めて6人のプレイヤーがコートで競技を行います。直径20cmの穴の空いた「パック」を「スティック」で操り、相手側のゴールに入れます。

グランドソフトボール（ぐらんどそふとぼーる）

❶ 指を広げた右手2指の指先を閉じた両目にあてて下げ　❷（「ソフトボール」の❷と同じ）

> 全盲、弱視の選手による10人制で、4人以上が全盲選手、投手は全盲選手という決まりがあります。ハンドボールに似た球を投手が転がし、打者はバットで打ちます。基本的なルールは野球やソフトボールと同じで、飛球かゴロかに関わらず全盲守備者が捕球すれば打者はアウトになります。弱視守備者やベンチから打球の方向を指示することはできないため、全盲守備者は球が転がる音だけを頼りに捕球します。

デフリンピックの公式ロゴマークに込められた意味

　太陽を思わせるような、力強いメッセージが感じられるデザイン。
　「オーケー」というサインを組み合わせたポジティブでパワフルなろう者スポーツのコミュニティを象徴したロゴデザインです。
　制作者は、ろう者のデザイナー、ラルフ・フェルナンデス（Ralph Fernandez）。
　この「オーケー」というサインは、「手話」「ろう文化」「結束と継続」といった強いメッセージを表現しています。
①「OK」のサインには、「オーケー（OK）」「よい（GOOD）」「素晴らしい（GREAT）」の意味があり、だれにでも通じる共通サインですので、世界共通のノンバーバル（言語ではないコミュニケーション方法）ともいえましょう。
②「OK」のサインを両手でつなぎ合わせるようにすると、「結束」という意味になります。手話という言語社会は「**仲間意識**」や「**連帯意識**」が非常に強く、手話での語らいは、**国境を越えての強い結束力が生まれ、ろう者のアイデンティティを社会に発信する大きな力**となります。
③ロゴマークの中心部分は「目」を表しています。**ろう者は目でさまざまな情報を集めて生きています**。ろう者は視覚的中心の生活を営んでいることを示しているものです。
　また、このロゴマークに使用されている「赤」「青」「黄」、「緑」の四色は、それぞれ「アジア太平洋」「ヨーロッパ」「北米と南米」「アフリカ」の４つの地域の連合を示しており、この四つの地域が団結を表しています。
　気になるデフリンピックのマークは、全日本ろうあ連盟が2018年にパンフレットを作成しており、そちらで紹介しています。パンフレットPDFは右のQRコードからダウンロードできます。このパンフでデフリンピックについてもっと知ってください。

②-1 大 会

使える！スポーツ手話ハンドブック

オリンピック（おりんぴっく）

両手2指の輪の手を返してつなぐ動作を右へ3回行う

　国際オリンピック委員会（IOC）が主催する、スポーツで最大の国際競技大会です。フランス人クーベルタンの提唱により、1896年にギリシャのアテネで第1回大会が催され、以後4年ごとに開かれています。日本の参加は1912（明治45）年第5回ストックホルム大会からで、1964（昭和39）年には日本で初めて東京で第18回大会が開かれました。

パラリンピック（ぱらりんぴっく）

❶ 両手で車いすの両輪を回すしぐさをし
❷ 「オリンピック」と同じ

　4年に1回、オリンピック開催地で行われ、運動機能障害や視覚障害などをもつ選手が参加する国際身体障害者スポーツ大会です。第1回は1960年にローマで開催されました。陸上競技や水泳、サッカーなどのほか、アイススレッジホッケーやボッチャなどの種目があります。

②-1 大会

デフリンピック（でふりんぴっく）

4年に一度、世界規模で行われる聴覚障害者のための総合スポーツ競技大会であり、世界最古の国際的障害者スポーツ大会です。国際ろう者スポーツ委員会（ICSD）の主催で、夏季大会と冬季大会があり、夏季大会は1924年にフランスで、冬季大会は1949年にオーストリアにおいて始まりました。

両手2指の輪を手を返して合わせる動作を2回行う

3つの大会の違い

3つの大会の違いを簡単に比較しておきます。

	オリンピック	パラリンピック	デフリンピック
主催	IOC (国際オリンピック委員会)	IPC (国際パラリンピック委員会)	ICSD (国際ろう者スポーツ委員会)
大会参加国 (地域)	206 (2016年リオ)	160 (2016年リオ)	86 (2017年サムスン)
競技数	夏季：28競技 (2020年東京で追加5競技) 冬季：7競技 (2018年平昌)	夏季：22競技 (2020年東京) 冬季：6競技 (2018年平昌)	夏季：20競技 (2017年サムスン) 冬季：5競技 (2015年ハンティ・マンシースク)

使える！スポーツ手話ハンドブック

国体（国民体育大会）
（こくたい　こくみんたいいくたいかい）

❶ 両手の指先を向かい合わせ、左右に引き離しながら閉じ

❷ 両手拳で両胸を同時にたたく

> 国民の間にスポーツを普及させ、また、国民の体力の向上や体育の振興などを目的として毎年1月、2月、9～10月の本大会の3つの節に分かれて行われる日本のスポーツの祭典です。毎年各都道府県が持ち回る方式で開催されており、1946（昭和21）年に第1回大会（夏季大会が兵庫県宝塚市、秋季大会が近畿2府4県、冬季大会が青森県八戸市）が開催されました。なお、スポーツ基本法が改正され2023年から名称が「国民スポーツ大会」に、略称が「国スポ」になることが決定しています。

スローガン（すろーがん）

広く伸ばした右手2指を立てた左手掌に沿って上から下ろす

> 団体や運動の主義・主張を、簡潔に言い表した語句・標語のことです。ここではその体育大会等の特徴的な言葉となる大切なものを指します。オリンピック1964年東京大会のスローガンは「世界は一つ」、2020年東京大会招致時のスローガンは「Discover Tomorrow～未来（あした）をつかもう～」でした。

60

②-1 大会

 ## 夏季・暑い (かき・あつい)

親指を人差指にのせた右手拳で首筋をあおぐように動かす

夏の季節のことを指します。
日本で夏季オリンピックが開催されるのは1964年に次ぎ2020年には2回目となり、いずれも東京です。第16回夏季パラリンピックも東京で開催するため、パラリンピックが同一都市で複数開催されるのは日本が初めてとなります。
「暑い」は説明するまでもありませんが、気温が苦痛に感じられるほどに高いことです。スポーツをするときは熱中症に十分注意し、水分・塩分と適度な休憩をとりましょう。

大会

 ## 冬季・寒い (とうき・さむい)

両腕と身体を縮こませ、両手拳を上に向けて左右に震わせる

冬の季節のことを指します。
冬季オリンピックは日本では1972年札幌大会、1998年長野大会が開催されました。
長野大会ではろう者がジャンプ競技でテストジャンパーを務め、話題になりました。
「寒い」は気温が低くて不快な感じがすることです。体が冷えて温まりたい感じがすることです。身体が冷えたまま急に動かすとケガの原因になりますので、準備運動は念入りに行いましょう。

使える！スポーツ手話ハンドブック

 ## シンボルマーク（しんぼるまーく）

❶ 前に向けて立てた左手掌の中心に右手人差指を添えて円を描き

❷ 親指と4指を折り曲げた右手の指先を前方から左手掌にあてる

「シンボルマーク」は、ある物や事を別の物や事によって代用して表したマークのことです。「エンブレム」は特定の人・物・観念を表すのに使われる紋章や図案のことで、「シンボルマーク」と「エンブレム」は違うものです。

 ## マスコット（ますこっと）

❶ 右手で日本式アルファベット「M」を示し

❷ 右手2指を前に向けて広げ、下へ下ろす

幸運をもたらすお守りとして身近に置いて大切にする物で、多くは人形や小動物となります。また、企業やイベントなどのシンボルとなるキャラクターのことも指します。オリンピック2020年東京大会マスコットは16,769校の小学生の投票で決定しました。

②-1　大　会

結団式 (けつだんしき)

❶ 指を広げ、やや曲げて立てた両手を左右から近づけ

❷ 指を広げて立てた左手甲に右手掌をあて、右手を前に出す

大会開幕前に出場選手・役員が一ヶ所に集まり、代表として選手団主将が決意表明を行う儀式のことです。デフリンピック2017年サムスン大会の日本選手団の結団式は現地のトルコで開催し、団長から旗手に団旗を渡し、気勢をあげました。

大
会

壮行会 (そうこうかい)

❶ 両手拳を上下に置き、ゆるやかな弧を描いて同時に左右に振り

❷ 両手の指先を斜めにつけ合わせ、同時に斜め下へ引く

大会開幕前に出場選手・役員を激励する集まりのことです。結団式とセットで行われることが多いようです。デフリンピック2017年サムスン大会の日本選手団の壮行会は日本で開催し、公認応援ソングの披露、来賓から激励のあいさつをいただきました。

使える！スポーツ手話ハンドブック

解団式（かいだんしき）

> 大会閉幕後に出場選手・役員が一ヶ所に集まり、選手団の解散を行うことです。各競技の成績の報告をすることもあります。デフリンピックでは第23回夏季（トルコ／サムスン）・第18回冬季（ロシア／ハンティマンシースク）は現地出発前に解団式を行っています。

❶ 向き合わせた両手の指先を前に向けながら左右へ素早く開き

❷ （「結団式」の❷と同じ）

○「パラリンピック」の意味は…○

　「パラリンピック」は、「半身の不随（Paraplegia）」+「オリンピック（Olympic）」の二つを組み合わせた造語でした。当初は、戦争で負傷した兵士たちのリハビリとして「手術よりスポーツを」との理念で始まりました。

　その後、半身不随者以外の障害者も参加するようになったため、1985年に解釈の変更が行われ、「並行（Parallel）」+「オリンピック（Olympic）」の名称に代わり、現在もそのまま継承されています。

　現在の「パラリンピック」が「もう一つのオリンピック」と解釈されることになった言われです。

②-1 大　会

入賞（にゅうしょう）

❶ 両手人差指で作った「入」形を前へ出しながら指先を前へ向け

❷ 左手掌に5指を折り曲げた右手をのせる

「展覧会や競技会で上位の成績を取り、賞を受けること」ですが、オリンピックでは8位以内に入ることを指します。オリンピックの組織委員会は入賞者の名簿を作成し、国際オリンピック委員会（IOC）に引き渡します。1984年のオリンピックまでは6位までが入賞という扱いでした。

記録（きろく）

右手でストップウォッチを持ち、左右に軽く振る

競技などで、数値として表された成績や結果、レコードのことです。テレビでよく見かける「OR」はオリンピック記録、「WR」は世界記録、「NR」は国ごとの最高記録（日本では「日本記録」）のことです。

大会

65

使える！スポーツ手話ハンドブック

メダル（めだる）

丸めた右手2指の指先を上に向け、胸の中央へあてる

表彰や記念のために贈る、金属製の小さな記章で、図案・文字などが浮き彫りにしてあるもののことです。オリンピック・パラリンピックメダルは国際オリンピック委員会（IOC）により規定され、大きさ・厚さ・重さなどその要件を満たす必要があります。

金メダル（きんめだる）

❶ 右手2指の輪を前に向けて左右に回すように振り

❷ 「メダル」と同じ

オリンピックなどの優勝者に与えられる、金のメダルのことです。1896年アテネ大会では財政事情により金メダルはなく、銀とオリーブの花輪が授与されたとのことです。

②-1 大　会

銀メダル（ぎんめだる）

❶ 口を開き、歯を指差した右手人差指の指先を左方に振り　❷（「金メダル」の❶と同じ）　❸「メダル」と同じ

オリンピック1936年ベルリン大会の棒高跳び決勝は、5時間以上かかり、アメリカのセフトンが4m35cmを跳んで優勝。大江季雄、西田修平両選手の記録はともに4m25cmでしたが、日本側は西田を2位、大江を3位と届け出て、これが公式記録として認められました。帰国後に2人は話し合い、お互いのメダルを半分にしてつなぎ合わせました。これは「友情のメダル」として今も人々の記憶に刻まれています。

大会

銅メダル（どうめだる）

❶ 唇を右手人差指の指先で右へ引き　❷「メダル」と同じ

オリンピックの金メダルは金メッキで施されていますが、銀・銅メダルの材質は90％以上が銀・銅の原材で製造されていて、銅のほうがもっとも原材量が多いとされています。しかし、金メダルの価値というものは原材量の多少に関係なく、実績相応に反映されています。

使える！スポーツ手話ハンドブック

表彰（ひょうしょう）

❶ 両手人差指の指先を向かい合わせ、下からゆっくり上げ

❷ 掌を上に向けた両手をそろえて斜め上へ出す

> オリンピックの表彰式もまたオリンピック憲章の規定に基づいて行われます。式典内容からメダル授与者の服装や表彰式の場所、最後の表彰式の順番まで決まっています。1968年メキシコ大会の10月16日の表彰式は表彰台に上がった黒人選手2人が拳を高く掲げ黒人差別に抗議する「ブラックパワー・サリュート」を行い、全世界から大きな注目を浴びました。

表彰台（ひょうしょうだい）

❶❷ 「表彰」と同じ

❸ 親指側をつけた両手を左右へ引き離し、直角に少し下ろす

> 2017年に札幌で開催された第8回アジア冬季競技大会でスピードスケート女子1500mで日本選手が1〜3位を独占したにもかかわらず、大会規定で「1か国・地域当たり2選手までしか表彰台に登壇できず、メダルを獲得できない」と定められていたため、銅メダルが5位の中国選手に渡されるというエピソードがありました。

②-1 大　会

授与 (じゅよ)

両手拳で賞状をもつようにし、斜め上へ出す

ものをさずけあたえること。「優勝旗を授与」「優勝カップ授与」のように使われます。

大会

優勝旗 (ゆうしょうき)

❶ 両手5指の輪を傾けて少し離して上下に置き、両手を手前に引き

❷ 立てた左手人差指に右手掌のつけ根をあてて伸ばした4指を振る

競技会などで、優勝者あるいは優勝チームにその名誉を表彰して授与する旗のことを指します。持ち回りの旗であれば次の大会の開会式などで一度主催者に返還され、次の優勝者（チーム）に渡されます。

◆ 69 ◆

使える！スポーツ手話ハンドブック

優勝カップ（ゆうしょうかっぷ）

両手掌を下ろしながら左右対称の弧を描く

競技会などで、優勝者あるいは優勝チームにその名誉を表彰して授与するカップ・杯のことです。元々は敵の頭蓋骨を杯として、戦争の勝利を祝う為にできた風習から由来したといわれています。それが後に材料が変化して、敗者の頭蓋骨から金や銀、クリスタル等で作られるようになりました。

賞状（しょうじょう）

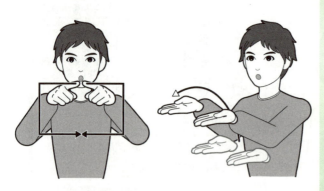

❶ 両手人差指で「四角」を描き
❷ 掌を上に向けて両手親指を人差指にのせ、弧を描いて前へ出す

特にすぐれた行いがあった人や優秀な成績をあげた人に、それを誉めたたえる言葉を書き記して与える書状のことを指します。

②-2 式　典

使える！スポーツ手話ハンドブック

開会式（かいかいしき）

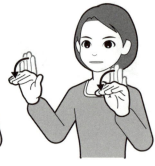

❶ 掌を前に向け、親指人差指側をつけた両手を左右へ引き離し

❷ 指先を上に向けた両手の4指を同時に直角に曲げる

> 大会開会にあたって行う儀式のことです。オリンピック開会式プログラムはオリンピック憲章の規定に基づいて国際オリンピック委員会の承認を経なければならないことになっています。各国選手入場、開会宣言、オリンピック旗掲揚、聖火点灯、アトラクションという構成になっています。

開会宣言（かいかいせんげん）

❶ （「開会式」の❶と同じ）

❷ 立てた左手掌につけて立てた右手人差指を前に出す

> オリンピックでは、オリンピック憲章55条3項により開催国の国家元首が決められた文章を読み上げ、開会を宣言することになっています。1896年アテネ大会から実施されています（1900年パリ大会を除く）。日本ではその役を天皇陛下が担います。

②-2 式　典

オープニング（おーぷにんぐ）

催し物や興行などを始めることです。「オープニングセレモニー」という形で使われることが多いです。

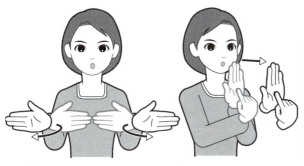

❶ 両手の甲を前に向けて指先をつけ合わせ、手首を軸に前方へ開き

❷ 立てた左手の掌に右手人差指の指先をあてて同時に前に出す

アトラクション（あとらくしょん）

「引き付けるもの、引き付けること。誰かを何かを好きにさせたり、興味を持たせること」で、本来は劇場などの客寄せのための催し物を意味しましたが、現在では遊園地の遊具施設や乗り物、イベントの中での目玉となる呼び物として使われることが多いようです。

立てた両手人差指を顔の両脇で回す

式典

使える！スポーツ手話ハンドブック

入場行進（にゅうじょうこうしん）

オリンピックでは慣行として、古代オリンピック発祥の地及び近代オリンピックの最初の開催国として、ギリシャの選手団が先頭を切って行進し、開催国は最後に行進します。他の国々は、慣行とIOCの指針に従い、開催国の言語の表記順に入場します。

❶ 両手の親指側をつけ、小指側を軸にして左右へ半回転して開き

❷ 両手を立てて左手親指と右手小指をつけたまま両手を前へ出し

❸ 掌を前、指を立てて開いた両手を前後に置き、左右へ同時に動かす

ゲート（げーと）

門、出入り口のことです。選手がここから出入りします。皆さんがよく見かけるのは空港の出発ゲート、搭乗ゲート等の表示かと思います。

両手人差指を立て、掌を前に向け、並べて置く

74

②-2 式典

あいさつ (あいさつ)

胸前で向かい合わせて立てた両手人差指を同時に曲げる

人と人とが出会ったときや別れるときに交わす儀礼的な動作や言葉のことです。相手に敬意・親愛の意を示すことでで対人関係を円満にし、社会生活を円滑にするための行為です。また、公の席や舞台などで、大勢の人に向かって祝いやお礼などの気持ちを述べる言葉のことも指します。

式典

 「パラリンピック」の歴史

第1回パラリンピックは、1960年にイタリアのローマで開催されました。
1948年にイギリスの国立病院のグットマン博士がロンドンオリンピックの開会式の日に、障害を持つ人たちを集めてスポーツ大会を開催したことが始まりとされています。1952年には国際大会へと大きく発展を遂げ、そしてにローマオリンピックが開催された1960年に、障害者の国際大会が第1回パラリンピックと位置づけられ、今日に至っています。
1988年のソウルオリンピック以後は、パラリンピックはオリンピック開催後に同じ年、同じ場所で開催することが義務づけられるようになりました。

使える！スポーツ手話ハンドブック

起立（きりつ）

左手掌に右手2指の指先を立てるようにのせる

立ち上がることです。また、敬意を表する動作として立ち上がることを命ずる語として使われることもあります。

着席（ちゃくせき）

左手2指に右手の折り曲げた2指をのせる

席に着くこと、すわることです。また、座るよう命ずる語として使われることもあります。

②-2 式典

国旗（こっき）

❶（「国体」の❶と同じ）　❷（「優勝旗」の❷と同じ）

> 国家の象徴として制定された旗のことです。国籍のしるしとして船舶などに掲げ、また、国家の祝祭日、外国へ敬意を表する場合などに掲揚します。日本では成文法において「日の丸（日章旗）」として定められていたわけではありませんでした。1999（平成11）年8月に「国旗国歌法（国旗及び国歌に関する法律）」が成立したことにより日章旗が正式な国旗と規定されることになりました。

式典

掲揚（けいよう）

立てた左手人差指に右手のつけ根をつけて右手を振りながら上げる

> 旗などを高い所にかかげることです。弔意を表すために旗竿の最上位より下に掲げた旗のことを「半旗」といいます。

◆ 77 ◆

使える！スポーツ手話ハンドブック

国歌斉唱（こっかせいしょう）

オリンピックなどの国家的行事などで参加者全員が一斉に起立・脱帽し、国旗に注目して敬意を払いつつ斉唱することです。代表者が単独で国歌を歌唱する場合は「国家独唱」といいます。

❶（「国体」の❶と同じ）
❷立てた右手2指の人差指側を口端にあて
❸立てた両手2指を口端から小さな円を描いて左右斜め前へ出す

君が代（きみがよ）

日本の国歌である歌のことです。「君が代は千代に八千代にさざれ石の巌（いわお）となりて苔のむすまで」の歌詞は和漢朗詠集にありますが、その原型は古今集に見いだされます。1893（明治26）年、祝日大祭日唱歌として公布され、事実上の国歌となりました。1999（平成11）年8月施行の「国旗国歌法」で法制化されました。

❶相手に向けて右手掌をやわらかく差し出し
❷立てた両手2指の掌を向き合わせ、右手を揺らしながら下げる

②-2 式　典

宣誓 (せんせい)

右手を斜め上へまっすぐに上げる

オリンピックにおいては、始めに選手・審判・コーチが「選手代表（選手宣誓者）／審判代表（審判宣誓者）／コーチ代表（コーチ宣誓者）」と宣誓した後、選手代表が五輪旗の一端を握りながら宣誓文を読み上げることになっています。選手宣誓は1920年アントワープ大会から実施され、審判宣誓は1972年札幌大会から、コーチ宣誓は2012年ロンドン大会から実施されています。

スポーツマンシップ (すぽーつまんしっぷ)

❶ （「スポーツ」と同じ）
❷ 開いた右手を腹に引き寄せて握る

正々堂々と全力を尽くして競技するスポーツマンとしての態度・精神を指します。選手宣誓において「我々はスポーツマンシップにのっとり正々堂々とたたかうことを誓います」と使われることもあります。

式典

使える！スポーツ手話ハンドブック

閉会式（へいかいしき）

❶ 両手掌を前に向け、左右から引き寄せて親指人差指側をつけ

❷ （「開会式」の❷と同じ）

> オリンピック閉会式も開会式と同様、プログラムはオリンピック憲章の規定に基づいて国際オリンピック委員会の承認を経なければならないことになっています。次期オリンピック開催都市の長が出席して五輪旗を受け取り、次期オリンピック競技大会までの間、開催都市の庁舎に掲揚することになっています。

閉会宣言（へいかいせんげん）

❶ （「閉会式」の❶と同じ）

❷ （「開会宣言」の❷と同じ）

> 閉会式において、大会の閉会を宣言します。次期開催都市の組織委員会に大会旗を手渡すセレモニーを伴うこともあります。

◆ 80 ◆

②-2 式典

 降納 (こうのう)

立てた左手人差指に右手のつけ根をつけて右手を振りながら下げる

掲揚されている国旗などを降ろしておさめることです。オリンピック閉会式においては聖火が消され、オリンピック讃歌が演奏される間にゆっくりと旗が降ろされ、旗竿からはずされて水平に広げられたまま競技場の外へ運ばれます。

 退場 (たいじょう)

❶ 指を上に向けて開いた両手を同時に下ろしながら5指を閉じ

❷ 立てて開いた両手を並べて左方へ同時に移動する

会場・競技場などから出て行くことです。またルールに違反した者に対して直ちに強制的に試合から離脱させる処分（退場処分）を指すことも多いです。

式典

使える！スポーツ手話ハンドブック

 フィナーレ（ふぃなーれ）

❶ （「閉会式」の❶と同じ）

❷ 立てた左手の掌に右手人差指の指先をあてて同時に前に出す

イタリア語で「最後」という意味の単語です。最後の幕、また物事の締めくくりの部分、大詰めのことをいい、音楽・演劇用語とされていましたが、現在では音楽・演劇以外の場面でも使われるようになっています。

日本の聴覚障害者スポーツ大会が始まったのはいつ？

　1918（大正7）年に日本聾唖協会の東京野球大会が開かれたという記録があります。さらに、1926（大正15）年に社団法人日本聾唖協会が第1回ろうあ者体育競技大会を開催、1938（昭和13）年に京都で全国ろうあ者陸上競技大会、1948（昭和23）年に近畿・関東の各地で軟式野球大会が開催されるなどスポーツの交流が盛んでした。

②-3

規則・ルール

使える！スポーツ手話ハンドブック

日程 (にってい)

❶ 両手を上下に置き、同時に親指から順に折り
❷ 両手の5指を折って握り
❸ 右手の指文字「コ」形を少し前へ出しながら順々に下ろす

> 仕事や行事などの、ある一日の、あるいは毎日の予定のことです。スポーツ大会の場合はどの日にどの競技が行われるかを一覧にした「日程表」という意味で使われることが多いです。

期間 (きかん)

指先を前に向け、掌を向かい合わせた両手を同時に軽く下ろす

> ある期日または日時から、他の期日または日時に至るまでの間のことを指します。オリンピック・パラリンピック2020年東京大会の開催期間は、オリンピック競技大会が2020年7月24日（金）〜8月9日（日）、パラリンピック競技大会が2020年8月25日（火）〜9月6日（日）の予定です。

②-3 規則・ルール

種目（しゅもく）

左手の掌の上で右手を3方向へ出す

1つの競技の中の種類分けした項目のことです。例えばオリンピック2020年東京大会では「水泳」は35種目で、2016年リオデジャネイロ大会より800m自由形（男子）、1500m自由形（女子）、4×100mメドレーリレー（混合）の3種目が新たに加わりました。

資格（しかく）

折り曲げた右手2指の指先を右肩にあて、下へ下ろす

ほとんどの競技大会は「参加資格」「出場資格」が決められており、その基準に該当する者のみが出場可能です。
かつては「聞こえない」ことを理由に出場資格を取り消されたり、はく奪される例もありました。

使える！スポーツ手話ハンドブック

規則（きそく）

左手掌を2指を曲げた右手の中指側でたたく

日本における意味合いとしては「ある集団の決まり事」を指すことが多いです。例として会社での就業規則、学校内での学校規則などが挙げられます。

ルール（るーる）

両手の指文字「ル」を上下に置く

英語では規則の他に、慣例や原則、あるいは個人の習慣という意味、また支配や統治の意味もありますが、日本で用いられる場合は、特にスポーツなどにおける規則や規定の意味で用いられることが多く、この規則をまとめた本をルールブックと呼びます。

◆ 86 ◆

②-3 規則・ルール

反則（はんそく）

左手掌に曲げた右手2指をたたきつけ、左上方へ上げる

競技ルールに違反することを指します。ルールブックにはどんな行為が反則となるかが明記されています。

条件（じょうけん）

両手を下ろしながら人差指から順に伸ばし、指先を向き合わせる

約束や決定をする際に、その内容に関しての前提や制約となる事柄のことを指します。「参加条件」「登録条件」「自然条件」「気象条件」等のようによく見かける言葉です。

使える！スポーツ手話ハンドブック

 ## ドーピング（どーぴんぐ）

❶ 右手3指をつまみながら注射を打つように左腕に下ろし

❷ 右手を残し、腕を曲げた左手拳を体の方へ力強く引く

> スポーツ選手が競技出場前に運動能力を増進させるための刺激剤・興奮剤などを服用することで、不正行為として禁止されています。しかしながら（効果があることを知らないで使用してしまう）「うっかりドーピング」による規則違反の例もあることから、薬剤師の資格を有し、所定の課程を修めた人が認定される「公認スポーツファーマシスト」は重要な役割を果たします。

 ## アンチドーピング（あんちどーぴんぐ）

❶ 右手3指を左手上腕につけたまま左手拳を体の方へ力強く引く

❷ 立てた左手掌に4指を直角に曲げた右手の指先をつけ、前へ押し出す

> 「世界アンチ・ドーピング規程」はアスリートのみならずサポートスタッフ、競技連盟等が遵守すべき約束事を明文化したものです。2003年に初めて採択され、2004年に発効し、その後改定を重ねられています。その後、最新の「2015世界アンチ・ドーピング規程」は、2013年11月15日、南アフリカのヨハネスブルグでの世界アンチ・ドーピング機構（WADA）理事会により承認され、2015年1月1日より発効されました。

②-3　規則・ルール

ガバナンス (がばなんす)

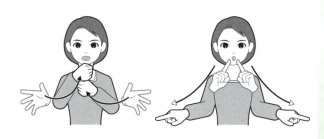

❶ 両手を左右から斜めに引き上げて握り、拳を上下につけ

❷ 両手人差指を口から左右斜め前へ勢いよく出し、指先を前に向ける

組織や社会に関与するメンバーが主体的に関与を行なう、意思決定、合意形成のシステムのことを指します。国際標準化機構（ＩＳＯ）から2010年11月1日に発行された、組織の社会的責任に関する国際規格「ＩＳＯ 26000」はスポーツ団体にも及び、「ガバナンス」が必要と言われるようになりました。

タイムテーブル (たいむてーぶる)

❶ 左手首（腕時計の位置）を右手人差指で指さし

❷ 5指を広げ指先を右に向けた左手掌に5指を広げた右手甲側をあてて右へ引き

❸ 5指を広げ指先を右に向けた左手掌に右手掌をあてて下ろす

試合の開始時刻、招集時刻、会場・コートなどが記載されている一覧表のことを指します。

使える！スポーツ手話ハンドブック

個人（こじん）

両手人差指の指先を顔に向け「▽」の形に動かす

個人戦とはいっても1対1（シングルス）で行う競技ばかりではなく、例えば卓球やテニス、バドミントン等は2人が1組で戦う「ダブルス」も個人戦に含まれます。

団体（だんたい）

両手指先をつけ、半円を描いて引き寄せ、親指側をつける

スポーツ競技においては「団体戦」「団体競技」というように使われます。複数人が行う形式、個人競技を引き継ぎながら行う形式（リレー）など一口に「団体」といっても競技によってさまざまな形があります。

②-3　規則・ルール

リーグ戦 (りーぐせん)

❶ 4指を広げた右手で「十字」の形を描くように動かし

❷ 斜めに立てた両手人差指を触れ合わせて交互に前後させる

日本における「リーグ戦」とは、総当たり戦、全ての参加チームが全ての相手と一定回数の対戦を行う方式のことを指します。世界選手権などでは大会を複数のステージに分け、序盤・中盤は組ごとの総当たり戦で行い、最終ステージは勝ち残り式トーナメントとすることが多いです。

トーナメント戦 (とーなめんとせん)

❶ 両手人差指を上げては折り曲げる動作を繰り返しながら近づけ

❷ (「リーグ戦」の❷と同じ)

勝ち抜き戦のことを指します。総当たりで行われるリーグ戦に比べ試合数が少なくて済みますが、優勝候補同士が最初に対戦するという不公平も生ずるため、それを補正する意味でシード制や敗者復活戦などが採用されています。

使える！スポーツ手話ハンドブック

予選（よせん）

❶ 手首で折り曲げた右手拳を鼻先で振り

❷ （「リーグ戦」の❷と同じ）

選手権大会や優勝決定戦に出場する人やチームを選び出すための試合のことを指します。「予選リーグ」「予選突破」等のように使われます。

決勝（けっしょう）

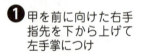

❶ 甲を前に向けた右手指先を下から上げて左手掌につけ

❷ （「リーグ戦」の❷と同じ）

それぞれの競技において優勝（第一位）を決定するために行われる試合のことを指します。決勝や優勝戦、優勝決定戦と呼ぶ場合もあります。決勝戦ではそれ以前の対戦時と異なるルールが適用されることもあります。

②-3　規則・ルール

敗者復活（はいしゃふっかつ）

一度は競技に敗れた競技者（選手）・チームを再度戦わせ、その一部を次回戦等へ進出させるために行う競技システムのことで、主にトーナメント方式の大会で用いられます。

❶ 右手掌を顔に向け、鼻を撫で下ろしながら4指を曲げ

❷ 寝かせてつけ合せた両手拳を引きおこして立てる

成績（せいせき）

一般的には学業の評価や試験の結果を指しますが、スポーツ競技の結果・記録のことも指します。

立てた両手人差指を並べ、右手人差指を上下させて右へ移動する

○ ろう者コミュニティとスポーツの発展 ○

　世界で初めてろう学校ができたのは、1760年にド・レペがパリに学校を設立したのが始まりです。その後、ドイツやイギリスなどにも次々にろう学校が設立され、その卒業生によりスポーツ交流の輪が広がりました。ろう者のスポーツの発展には、手話の存在が欠かせません。
　このろう学校の存在により、手話は言語として体系化され、手話を言語とするろう者コミュニティが各地に作られていったのだと思われます。そして、1924年に第1回デフリンピックの開催が実現に至りました。ギリシャで開かれた第1回オリンピックからわずか28年後のことでした。
　わが国も1878年に京都で日本初のろう学校（京都盲唖院）ができて以来、明治から大正時代にかけて全国各地にろう学校の設立が広がりました。この背景を受けて、ろう学校間で野球の交流試合が開かれるなど、県境を越えてスポーツ交流が盛んになりました。手話の存在がろう者のスポーツの発展に寄与したと言えます。
　このような流れの中で、戦後に現在まで続く全日本ろうあ連盟が結成されて、1967年から全国ろう者体育大会が毎年開催されるようになりました。

※詳しくは『全日本ろうあ連盟70年史』（2017年発行）に掲載しています。

第1回全国ろうあ者体育大会開会式（国立霞ヶ丘競技場）

②-4

運 営

使える！スポーツ手話ハンドブック

開始（かいし）

（「開会式」の❶と同じ）

物事を始めることです。「競技開始」「開始時間」等のように使います。近代オリンピックの開始年は夏季が1896年アテネ大会、冬季が1924年シャモニー・モンブラン大会です。

終了（しゅうりょう）

（「退場」の❶と同じ）

物事を終える、物事が終わることです。「競技終了」「演技終了」等のように使います。盛んに言われている「レガシー」とは国際オリンピック委員会（IOC）が2002年オリンピック憲章に「オリンピックの開催都市ならびに開催国に遺産を残すことを推進する」と書き加えたことによります。期間中だけでなく、大会終了後のことも考えなければならない課題となっています。

②-4　運　営

入口（いりぐち）

❶ 両手人差指で作った「入」形を前へ出しながら指先を前へ向け

❷ 右手人差指で口に沿って円を描く

スポーツに限らず大きな大会になると、各会場の入口ではセキュリティー対策が取られ、不審物の持ち込みがないかどうかをチェックされます。

出口（でぐち）

❶ 甲を上に向けた右手を左手掌の下をくぐらせて前へ出し

❷ （「入口」の❷と同じ）

混雑対策のために入口と出口とを分け、また出口では観客が集中しないよう整理員が立って誘導します。

運営

案内（あんない）

左手の指先を右手5指で上からはさみ、右へ移動する

案内用図記号のことを「ピクトグラム」と言います。日本では、オリンピック1964年東京大会をきっかけに日本語が分からない外国人でも分かるように、各地の公共施設に導入されました。有名なのは「トイレ」や「非常口」のマークですね。この本のカテゴリー分類でも使っています。

案内書（あんないしょ）

❶ 右手親指を立て、口元で左右に動かし
❷ 両手掌を合わせ、小指側を軸にして両手を開く

「ガイドブック」とも言います。全国ろうあ者大会やろうあ者体育大会でも配布され、期間中のプログラムや時間・場所などが記載されています。これを見ながら大会参加まで気分を盛り上げる人も多いでしょう。

②-4 運　営

アナウンス（あなうんす）

両手5指のつまみを口元から開きながら左右斜め前へ2回出す

この言葉には2通りの使われ方があります。（1）放送によってニュースや案内などを告げること、またその放送。（2）公表すること、正式に発表することです。
スポーツでは「会場でのアナウンス」として使われるので（1）の意味になります。

呼び出し（コール）（よびだし　こーる）

左手人差指を右手の指先で2回引き寄せるしぐさをする

「選手の呼び出し」「迷子の呼び出し」等のように使われる他、大相撲での取組の際に力士を呼び上げる「呼び上げ」や土俵整備から太鼓叩きなど、競技の進行を行う者のことを指す場合もあります。

運営

使える！スポーツ手話ハンドブック

時間（じかん）

❶ 左手掌に右手親指の先をつけ、右手人差指を下へ半回転し

❷ （「期間」と同じ）

時の流れのある一点からある一点までの時の長さを表す言葉です。オリンピック第5回ストックホルム大会に出場したマラソンの金栗四三選手はレース中に意識をなくし、近くの民家で介抱を受けている間に競技が終了。棄権申告が出ていないことを知ったオリンピック委員会が、金栗選手をストックホルムオリンピック開催55周年記念式典に招待。ゴールの瞬間、「日本の金栗が只今ゴール。タイムは54年8か月6日5時間32分20秒3。これで第5回ストックホルム大会の全日程は終わりました」とアナウンスされました。この時間はオリンピック史上最も遅いマラソン記録です。

招集（しょうしゅう）

指先を前に向けて開いた両手を斜め下に手首を返して下ろす

一般的には目上の人が目下の人に向かって強制力をもって呼び出すことです。スポーツ大会では選手をゲート近くに集めるために「招集」という言葉を使います。

②-4 運営

実行委員会 (じっこういいんかい)

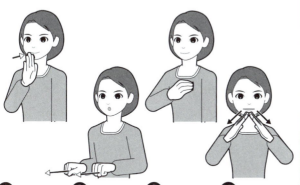

❶ 立てた右手の人差指側を顎にあて ❷ 甲を上にして平行に置いた両手拳を同時に前へ出し ❸ 5指をつまんだ右手の指先を左胸につけ ❹ (「壮行会」の❷と同じ)

スポーツ大会やイベントを開催するときに複数の団体から人を集めて主催者として運営する形式のことです。目立たない存在かも知れませんが、縁の下の力持ち、大会運営にはとても重要な役割をはたしています。
全国ろうあ者大会や全国ろうあ者体育大会の主管は「実行委員会」。オリンピック2020年東京大会では「組織委員会」といいます。

ボランティア (ぼらんてぃあ)

両手2指を下に向け、同時に指を交互に出して前へ進める

社会福祉、教育、環境保全等社会全般を対象として無償で自発的に社会活動に参加したり、技術や知識を提供したりする人・活動のことを指します。1995年の阪神・淡路大震災では全国から多くのボランティアが支援に駆けつけたことから、震災が発生した1月17日を「防災とボランティアの日」とし、前後の15日から21日は「防災とボランティア週間」と定められています。オリンピック2020年東京大会でも多くのボランティアが募集されます。

運営

使える！スポーツ手話ハンドブック

役員（やくいん）

役目を担当する人のことです。競技大会では「大会役員」「競技役員」「運営役員」等を配置し、スムーズな運営が行えるようにしています。

❶ 右手の指文字「ヤ」形の2指で上腕に腕章を描き

❷ 2指を立てた両手を左右に半回転しながら引き離す

配置（はいち）

人や物を持ち場に割り当てることです。「全員配置に就く」「席の配置を決める」「要員を配置する」等のように使われることが多い言葉です。

立てた左手親指の先を右手でつまんで同時に前に出す

②-4 運営

引率（いんそつ）

指を開いて立てた左手の小指側に右手人差指を添え同時に前に出す

多くの人を引き連れて行くことです。「生徒を引率する」「各種大会参加の引率」のように使います。

誘導（ゆうどう）

左手の指先を右手5指で上からはさみ、右へ移動する

災害やテロの発生時に、大型競技場の観客が迷わずに避難できるよう誘導する体制構築が大きな課題となります。総務省は2018年にＩＣＴを活用した情報配信体制を整え、多言語表示や車イス経路の表示などを行い、訪日外国人や障害者を円滑に避難誘導できるようにすると発表しました。
スポーツ大会では選手を準備の場所・スタートまで導く、観客を会場まで案内するといった意味でも使われます。

運営

使える！スポーツ手話ハンドブック

注意（ちゅうい）

丸めた両手を上下に置き、握りながら胸に引き寄せる

気をつけることや、悪いことが起こらないように警戒する、という意味です。またはそのように他人に伝えることです。競技大会では様々な注意事項があり、それらを遵守することが求められます。これらの注意を怠ったときは、失格を含む厳重な処分が行われることがあります。

マナー（まなー）

両手拳の小指側を2回たたき合わせる

競技大会の観戦はマナーを守ることが重要とされていますが、近年は大声でコールする観客も増え、選手の集中力が削がれてしまうという問題が起きているようです。
選手同士でもルールを守れば良いというものではなく、マナーを守ってお互いに気持ちよく大会に参加することが望まれます。

②-4 運営

喫煙（きつえん）

立てた右手2指を口元から少し前へ出す

タバコを吸うことです。本人だけでなく、喫煙者の周囲にいる人が煙を吸い込んでしまう「受動喫煙」が問題になっています。世界では現在、50か国以上で受動喫煙防止法・条例が制定されており、アジアでもほとんどの国が、飲食店やバーも含めて屋内禁煙です。ブータンではタバコの製造・販売も禁止されています。

禁煙（きんえん）

❶（「喫煙」と同じ）

❷ 立てた右手親指を振り下ろし、ぴたりと止める

オリンピックはスポーツの祭典ですが、健康の祭典でもあるべきとの考えから、オリンピック会場内は全面禁煙とされ、会場内でのタバコ販売も禁止されているほか、タバコ会社が大会や選手のスポンサーになることも禁止されています。

運営

使える！スポーツ手話ハンドブック

忘れ物（わすれもの）

❶ こめかみの脇から右手拳を上げながら5指を開き

❷ 右手2指の輪を軸にして伸ばした3指を回転させて引き下ろす

うっかりして物を置いてきてしまうことです。オリンピック1988年ソウル大会の後、あるレスリングの選手は金メダルを駅構内の公衆電話にセカンドバッグごと置き忘れ、話題となりました。その選手のメダルは無事2日後に見つかりましたが、自身のメダルを見つけられなかったアスリートには、国際オリンピック委員会（IOC）がレプリカを提供しているそうです。

落とし物（おとしもの）

❶ 腰あたりで右手拳を下に向けて開く

❷ （「忘れ物」の❷と同じ）

2013年の東京オリンピック招致プレゼンテーションで「おもてなし」という言葉を示す例として「皆様がなにか落し物をしても、きっとそれは戻ってきます。お金の入ったお財布でも。昨年一年間（2012年）だけでも、3,000万ドル以上の現金が、落し物として、東京の警察に届けられました。」と取り上げられました。

②-4 運営

飲み物 (のみもの)

丸めた右手を口に向けて傾ける

人口や国土面積を勘案した自動販売機数普及率では、日本が世界一です。日本のあちこちで手軽に冷たい・温かい飲み物を手に入れることができます。マラソンでは給水が重要なので、選手が様々な飲み物や成分を独自に配合したスペシャルドリンクを用意しています。

応援 (おうえん)

❶ (「壮行会」の❶と同じ)　❷ 左手の立てた親指の背を右手掌で前に押し出すように2回たたく

オリンピック2020年東京大会の応援マークは、大会エンブレムの基礎である「多様性」「つながる」「参加性」を表す「3つの異なる四角形」の組み合わせからデザインされています。

運営

使える！スポーツ手話ハンドブック

スポンサー（すぽんさー）

立てた左手親指の前から右手2指の輪で弧を描いて前へ出す

オリンピック2020年東京大会のスポンサーは、契約額が高い方から、IOCが直接契約する「ワールドワイドパートナー」、東京五輪組織委員会が契約する「ゴールドパートナー」「オフィシャルパートナー」「オフィシャルサポーター」の4階層に分かれており、それぞれ使える権利が異なります。

拍手（はくしゅ）

両手を上方でひらひら振る

オリンピック2018年平昌大会では氷点下20度になる日もあるため手袋が必須ですが、手袋をしていると大きな拍手ができないため、開会式では小さな太鼓が配られました。
ろう者の拍手は手話表現の通り、手をたたく代わりに手のひらをひらひらさせるのが一般的です。

②-4 運営

おもてなし (おもてなし)

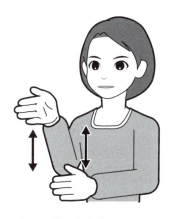

指先を前に向け、掌を向き合わせて、両手を交互に上下する

2013年にアルゼンチンのブエノスアイレスで開催されたIOC総会において2020年東京大会招致の最終プレゼンテーションが行われ、そこで滝川クリステルさんがスピーチの中で発言した（手の動きも付けた）「お・も・て・な・し」という言葉はその年の新語・流行語大賞に選ばれました。

バリアフリー (ばりあふりー)

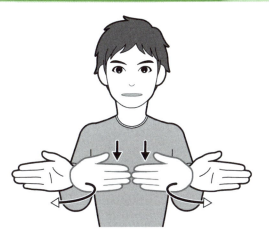

指先をつけた両手を同時に下げ、手首の回転で指先を前に向ける

「バリア（障壁）」を「フリー（のぞく）」、つまり障壁となるものを取り除くことで生活しやすくしようという考え方です。もともとは建築用語として、道路や建築物の入口の段差などを除去することを意味していましたが、現在では、物理的な障壁以外に、社会的、制度的、心理的なバリアの除去という意味で用いられています。

運営

ご存じですか?「スペシャルオリンピックス」

アメリカでは知られている障害者スポーツ

「スペシャルオリンピックス」は、知的障害者を対象にしたもので、単なるスポーツ大会だけではなく、トレーニングをする機会と競技会を提供する国際的な活動の総称です。

名称が複数形になっているのは、世界中でトレーニングや競技大会がいつでもどこかで行われているという意味が込められています。競技大会はオリンピックと同様4年に1回開催されます。

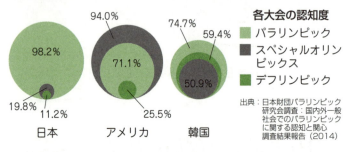

各大会の認知度
- パラリンピック
- スペシャルオリンピックス
- デフリンピック

出典：日本財団パラリンピック研究会調査：国内外一般社会でのパラリンピックに関する認知と関心調査結果報告（2014）

きっかけは…

スペシャルオリンピックスは、アメリカのジョン・F・ケネディ大統領の妹、ユーニス・シュライバー夫人が、1962年に知的障害を持つ姉のために自宅の庭を開放して、キャンプを行ったのが始まりとされています。

彼女は、当時スポーツを楽しむ機会が少なかった知的障害のある人たちに、スポーツを通じ社会参加を応援することを兄であるケネディ大統領に進言。1968年にケネディ財団の支援を受け、アメリカでスペシャルオリンピックスを初めて開催しました。

余談ですが、ユーニス・シュライバー夫人の娘、マリア・シュライバーの元夫は、「ターミネーター」などのハリウッド映画で有名な、元カリフォルニア州知事のアーノルド・シュワルツェネッガーです。

③-1
人　物

使える！スポーツ手話ハンドブック

選手（せんしゅ）

親指を伸ばした右手を左手甲に打ち下ろし、左へはね上げる

> オリンピアンとは近代オリンピックに選手として出場した人物を指す英語表現で、パラリンピックはパラリンピアン、デフリンピックはデフリンピアンと言います。

主将（しゅしょう）

左手甲に右手親指を手前から上げて乗せる

> スポーツチームにおける部員、選手の代表のことをキャプテンまたは主将といいます。オリンピック選手団の主将は、選手団の"顔役"としてインタビューを受けたり、大会期間中に各競技の応援に駆けつけたりするのも大事な仕事の一つとなっています。

③-1 人物

補欠（ほけつ）

正選手に代わって出場するために控えている選手のことを言います。試合開始時にはベンチに座って出番を待つため「ベンチスタート」と呼ぶこともあります。

立てた左手親指に右手親指を少し下にずらしてつける

審判（しんぱん）

審判員の呼称は各競技によって異なり、大相撲では行司、レフェリーやアンパイアなどの呼称が用いられます。競技によって主審、副審、球審、塁審、線審等といったポジションがあります。

両手親指を立て、肩の高さから左右斜め下へ交互に打ち下ろす

人物

使える！スポーツ手話ハンドブック

監督（かんとく）

両手人差指を交互に左右斜め前へ出す

現場を取りしきったり、そのグループを指揮・指導したりする立場にいる人のことです。オリンピック・パラリンピック・デフリンピックには代表監督のほかに「総監督」という役職があります。代表監督は選手を指導、指揮し、総監督はチームの運営や全体の管理をするというように役割が分かれるとされています。

コーチ（こーち）

指文字「コ」の左手の下で右手人差指を前方斜め下へ2回振り出す

運動競技の技術などについて指導・助言すること、またその人のことを指します。また、ハンガリー発祥の四輪馬車の「コチ」は運転が難しく、練習が必要なことから「訓練」という意味が生まれたとのことです。

③-1　人　物

トレーナー (とれーなー)

スポーツで、主に体力作りなどを行う指導者のことです。また、競技者などが着る練習着、厚手の木綿地で作られた、かぶって着るゆったりとした上着をいうこともあります。
ここでの手話は、「指導者」のことを表しています。

❶（「国体」の❷と同じ）　❷左手を残し、右手人差指の指先を前方斜め下へ2回振る

サポーター (さぽーたー)

支持者、後援者のことで、特にサッカーで特定チームの熱狂的ファンのことを指します。
また運動選手などが、手足の関節や局部などを保護するために当てるゴムを織り込んだ布製のバンドや下着のこともサポーターと言います。
ここでの手話は、「支持者・ファン」のことを表しています。

人物

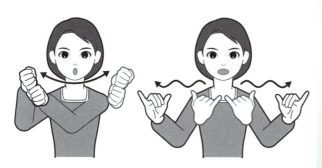

❶（「壮行会」の❶と同じ）　❷（「役員」の❷と同じ）

使える！スポーツ手話ハンドブック

団長（だんちょう）

❶ （「団体」と同じ）

❷ 右手の親指を立て、上へ上げる

オリンピック・パラリンピックの日本選手団は団長、総監督、主将、旗手の役割を果たす人が選ばれます。これはデフリンピック日本選手団においても同様です。

来賓（らいひん）

左手掌に親指を立てた右手をのせ、右から体の前へ引き寄せる

式典や大会に主催者から招待された客のことです。競技大会の開会式・閉会式において「来賓紹介」「来賓挨拶（祝辞）」として使われることが多いです。

③-1 人物

知事 (ちじ)

日本では各都道府県を統轄し、代表する首長のことを指します。住民による直接選挙で選ばれ、都道府県の事務およびその権限に属する国や他の公共団体の事務を管理執行します。任期は4年です。

 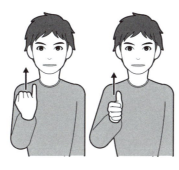

❶ 右手で指文字「チ」を示し
❷ 右手の親指（または小指）を立て、上へ上げる

デフリンピック オリンピック でメダル獲得！

　デフリンピックとオリンピックの両大会に出場してメダルを獲得したろう者アスリートがいます。2000年にシドニーオリンピックの競泳、200m平泳ぎで銀メダルを獲得したテレンス・パーキン（南アフリカ）。生まれつき耳が聞こえず、12歳から水泳を始めたといいます。
　シドニーオリンピックでは、ろう者である彼のためにスタートの合図として、ランプが点灯する方式を導入するという配慮がなされました。オリンピックに出場する障害を有する選手への配慮として画期的なことであり、「バリアフリー」の事例として各方面に話題を呼びました。
　彼はデフリンピックでの活躍も目覚ましく、水泳競技のみならず自転車競技も含めて、合計7つものメダルを獲得するという快挙を成し遂げました。

人物

使える！スポーツ手話ハンドブック

天皇（天皇陛下）
（てんのう　てんのうへいか）

当代の天皇を敬っていう語で、歴代の天皇と区別が必要な文脈においては今上（きんじょう）天皇という語を使われることが多いです。

左手甲に親指を立てた右手をのせ、上へ上げる

皇太子（皇太子殿下）
（こうたいし　こうたいしでんか）

皇位継承（帝位継承）の第一順位にある皇子を指す称号です。一般的には皇室ならびに海外の王室における君主位の法定推定相続人の敬称として使われます。

親指を立てた右手で弧を描いて下ろし、左手甲にのせる

③-2
メディカル

使える！スポーツ手話ハンドブック

メディカル（めでぃかる）

左手首にを右手の親指と４指の指先ではさむ

医療・医学に関連することを指します。「コ・メディカル」（co-medical、和製英語）という言葉がありますが、これは医師・歯科医師以外の、看護師を含む医療従事者の総称のことで、コメディカルスタッフと呼ばれることもあります。

薬（くすり）

左手掌を曲げた右手薬指の指先で円を描くようにこする

この手話表現で使われる「薬指」は薬を溶かしたり、塗ったり、粉薬をなめたりするのに使われる指であることに由来します。その理由は、この指が、５本の指の中で最も使われることが少ないため、汚れも少ないことによります。また、力を入れにくい指であるため、やさしく薬を塗ることができるから、といわれています。

③-2　メディカル

頭痛 (ずつう)

❶ 右手人差指で右側頭部をさし

❷ 5指を折り曲げ、指を上に向けた右手を震わせる

> 頭が痛むことで、頭痛が起きる原因は様々あり解明されていないものもあります。15歳以上の日本人のうち、3人に1人は「頭痛もち」で、3000万人以上が悩んでいるといわれます。

熱 (ねつ)

右手2指を左胸脇につけ、人差指を上へ上げながら立てる

> 発熱とは、体温が病気などによって高くなることです。熱を出すことで侵入した病原体を殺菌し身体を守ろうとする正常な働きで、免疫というメカニズムが働いた結果です。

メディカル

使える！スポーツ手話ハンドブック

風邪（かぜ）

右手拳を口にあて、咳のしぐさをする

感冒ともいいます。かぜを起こすウイルス（かぜウイルス）を詳しく数えれば100種類以上にのぼりますが、代表的なものは約10種類で、この中にはインフルエンザウイルスも含まれます。

目まい（めまい）

両手人差指で目の周りをなぞるように動かす

身体のバランスを保つ機能が損なわれることによって起こる症状の総称です。止まっている周囲の物が動くように感じられたり、立つことが難しくなることがあります。目まいを起こす代表的な病気が「メニエール病」です。

③-2　メディカル

アレルギー (あれるぎー)

立てた左手人差指の指先に右手親指をあてて右上へはね上げる

生体が特定の物質（抗原）に対して抗体を作り、再び同じ抗原が入ってきたときに起こる抗原抗体反応のうち、病的な過敏反応のことを指します。主なものとしては花粉症、食物アレルギー、金属アレルギー、ハウスダストアレルギー、紫外線アレルギー等があげられます。

怪我 (けが)

両手人差指の指先で交互に頬を切るしぐさをする

スポーツで負う怪我には、その運動に特有の症状が発生します。例えば、サッカーでの捻挫、ランニングでの肉離れ、テニスでのテニス肘などです。スポーツによって起こる怪我には、スポーツ外傷とスポーツ障害の2つがあり、スポーツ外傷はアクシデントが原因で、スポーツ障害は使いすぎが原因とされます。

使える！スポーツ手話ハンドブック

捻挫（ねんざ）

左手掌に右手拳をつけ、ひねるように右へ回す

手や足の関節に可動範囲を超えるような動きを強制されたり、不自然な力がかかった時に発生する代表的な外傷の一つです。関節を構成している相互の骨と骨の間にずれのないものを「捻挫」といいます。

骨折（こっせつ）

親指側をつけ合せた両手拳で折るしぐさをする

骨にひびが入ったり、骨の一部または全部が折れたりすることです。傷口が開いていない場合を閉鎖性骨折・単純骨折、傷口が開いている場合を開放性骨折・複雑骨折と呼びます。

③-2　メディカル

熱い（あつい）

甲を上、指先を下に向けた右手を素早く上げる

「体が熱い」場合は「（体温が）高い」というふうに表します。「ホット（コーヒー）」は「温かい」という表現を使うことが多いです。この手話表現は、例えば「お茶が熱かった」「熱湯」というような熱さの時に使います。

冷たい（つめたい）

両腕と身体を縮こませ、両手拳を上に向けて左右に震わせる

物の温度が低くて冷ややかであることです。「熱い」とは対照的に「寒い」「アイス（コーヒー）」「コールド」でもこの手話表現が使われます。

使える！スポーツ手話ハンドブック

 ## 救護所（きゅうごしょ）

大規模な競技大会では救護本部ならびに救護所が設けられます。診療対象は出場選手・スタッフのみならず、観客も含まれます。

❶ 左手首にを右手の親指と4指の指先ではさみ

❷ 指先を前に向け、掌を向き合わせて、両手を交互に上下させ

❸ 右手5指を折り曲げ、指を下に向けて軽く下ろす

 ## 病院（びょういん）

疾病や疾患を抱えた人（患者）に対し医療を提供したり、病人を収容する施設（一定の規模のもの）のことです。医師または歯科医師が診察・治療を行います。医療法では入院用ベッド数が20以上あるものをいい、19以下のものを診療所としています。

❶（「メディカル」と同じ）

❷ 両手で四角い建物の形を描く

③-2　メディカル

救急車（きゅうきゅうしゃ）

❶ 両手人差指で「十字」を作り

❷ 親指と4指を平行に伸ばした左手に指先を上に向けた右手をのせて回しながら同時に前に出す

急病人や事故による負傷者を病院に運ぶための車です。白色に赤十字の標識をつけ、応急医療器具を備えています。19世紀初めのナポレオン戦争において傷病者搬送に使用された車両が最初と言われています。海外では有料のケースが多いそうですが、日本における救急車の利用は無料（2018年5月現在）です。そのため、重大な病気でなくても救急車をタクシー替わりに呼ぶ人がいる問題が起きています。

100m 疾走へのバリア…インターハイ出場が認められず…

　陸上100m走で10秒7という最高記録を叩き出したろう者がいます。当時、東京教育大学附属ろう学校高等部3年生の遠藤宗志。1967年（昭和42）年5月に開催された千葉県高等学校陸上競技大会で、100mを11秒4、200mを22秒6で快走し優勝。全国ろう高校陸上競技大会での記録は11秒1、自己最高記録は10秒7の記録をもつ選手でした。

　ところが、彼がろう学校に在籍していることを理由に全国高等学校体育連盟が彼のインターハイ予選（関東地区高等学校陸上競技選手権大会）への出場を認めず出場を断念。そのインターハイで優勝したのは、遠藤氏が通うろう学校の隣にある高等学校の生徒でした。

（P128へつづく）

奇しくもその年の秋、市内の高校陸上大会で2人が争うことになった結果、遠藤選手が圧勝。全国の高校生最速の選手としての実力を示すことになりました。

記録へのハンディとバリア…

　俊足を誇る遠藤選手といえども、スタートのピストルの音は聞こえません。百分の一秒を争う短距離では少しの遅れが大きなハンディになります。遠藤選手は、前方にいるスターターを見上げ、ピストルの煙を合図にスタートする方法を取っていました。

　ところが…ある時驚くべき厳しいバリアに直面した、と遠藤氏は述懐します。

　それは、ある大会の200m競走でスターターが後方の位置に代わってしまったため、スタートの合図が全く見えない状態になってしまいました。そのため、やむなく彼はクラウチングスタートの両足の間から後ろのスターターの持つピストルの煙をのぞき見て、スタートしたと言います。大きなバリアを乗り越えながらの努力で勝ち得た記録でした。

　加えて、現在はトラックに合成ゴムを使用していますので、スパイクが的確に地面をとらえその弾力で記録も伸びますが、当時は土舗装のトラックでした。そのため、雨が降るとぬかるみ、スパイクも沈むという状態で、彼はそんな悪条件でも好記録を出したので、もし今の整備されたトラックであれば遠藤選手はとてつもない記録を出したのではないかと想像されます。

　戦後「暁の超特急」の異名をとり、オリンピックにも出場した吉岡隆徳選手（聞こえる人）は10秒3の（当時の）世界タイ記録を樹立。1932年ロサンゼルスオリンピック大会にも出場し、当時日本人初となる決勝進出。10秒8で6位入賞という記録を残しました。

　それを考えると10秒7という記録を残した遠藤選手の潜在的な可能性は計り知れないものだったでしょう。彼は今なおろう陸上界での伝説の人として語り伝えられています。

③-3

場所・交通

使える！スポーツ手話ハンドブック

会場（かいじょう）

❶（「壮行会」の❷と同じ）　❷（「救護所」の❸と同じ）

柔道がオリンピック競技として初めて実施されたのは1964年東京大会であり、そのときの会場が日本武道館です。2020年東京大会では競技会場は42か所使われることになっています。大会を開催するときに苦労するのが会場探しです。

駐車場（ちゅうしゃじょう）

❶ 立てた左手人差指に右手2指をつけ、「P」の字形を作り　❷（「救護所」の❸と同じ）

自動車を止めておく場所のことです。最近では無人のコインパーキングも増えてきました。東京都はオリンピック2020年東京大会関係の車両数をバス2,000台、乗用車4,000台の計6,000台と想定し、築地市場跡地など7か所を利用する方針を2017年12月に発表しました。駐車場の他、運転手の休憩所なども備えた輸送拠点として活用することになっています。

③-3 場所・交通

競技場 (きょうぎじょう)

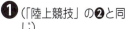

❶（「陸上競技」の❷と同じ）　❷（「救護所」の❸と同じ）

> 一般には総合的なスポーツが行われる観覧席のついた陸上競技場（スタジアム）を意味しますが、広い意味ではスポーツ全般の競技を行う施設の総称をいいます。

受付 (うけつけ)

甲を上にして置いた左手小指側に指先を下に向けた右手掌をあてる

> 「問い合わせ受付」「申込受付」等のようによく使われます。申込受付期間は守るようにしましょう。

場所・交通

使える！スポーツ手話ハンドブック

案内所（あんないじょ）

❶（「案内書の❶と同じ」）　❷（「救護所」の❸と同じ）

案内所はインフォメーションセンター等と言われることもあります。案内所のピクトグラムはJISでは有人案内所が「？」、無人案内所は「i」と分かれていますが、ISOではどちらも「i」で統一しているため、オリンピック2020年東京大会に向けて都の観光案内所の表示はすべて「i」に統一されることになりました。

控室（ひかえしつ）

❶ 右手4指の背を顎の下にあて
❷ 甲を前、両手指先を左右に向けた両手を前後に置き、軽く下ろし
❸ 左右に置いた両手の指先を前に向けて軽く下ろす

選手控室、会場控室等のように使います。専用の控室を用意している施設もありますが、会議室や教室を転用することもあります。

◆ 132 ◆

③-3　場所・交通

スタンド（すたんど）

2指を折り曲げた両手を向い合わせ、左右斜め上に置きながら上げていく

競技場・野球場などに高く設けられた階段式の観覧席のことを指します。また、屋台式の売店のことをいうこともあります。

観客席（かんきゃくせき）

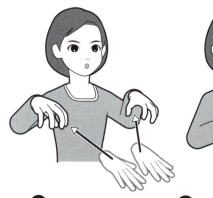

❶ 前方で並べた掌下向きの両手を左右斜めに引き上げながら5指を軽く曲げ

❷（「シッティングバレーボール」の❶と同じ）

アリーナ席、スタンド席、見切れ席等の種類があります。アリーナ席とはコンサートなどで、普段は競技を行っているエリアにパイプ椅子などを設営し、観客席にした席のことを指す言葉です。

場所・交通

◆ 133 ◆

使える！スポーツ手話ハンドブック

 ## トイレ（といれ）

右手で「W」と「C」の字形を示す

> 紛争や災害の際の避難所の環境について、"最低限の基準"を定めたスフィア基準においてはトイレは20人に1つの割合で設置、男性と女性の割合は1対3であることが求められています。

 ## オストメイト（おすとめいと）

❶ 湾曲させた右手を腰にあて
❷ 右手2指を前に向けて広げ、下へ下ろす

> 直腸がんや膀胱がんなどが原因で臓器に機能障害を負い、手術によって人工的に腹部へ人工肛門や人工膀胱の「排泄口（ストーマ）」を造設した人のことをいいます。
> オストメイト対応トイレとはストーマ装具や汚れ物を洗うための「汚物流し」、汚れた腹部を洗うことができるお湯の出る「シャワー付水栓金具」などを設けたトイレのことを指します。

◆ 134 ◆

③-3 場所・交通

 充電コンセント
（じゅうでんこんせんと）

配線から電気を取るための、プラグの差し込み口のことをコンセントと言います。俗に、プラグと混同して「コンセントを抜く」ということもあります。最近はパソコンへの電源供給やスマートフォンの充電をするためにコンセントがある会場が好まれます。

❶ 右手の「コ」形を折り曲げた左手2指の指先に向けて上げ

❷ 指先を前に向けた右手2指を少し前に出す

 ゴミ箱（ごみばこ）

1900（明治33）年に汚物掃除法という法律の制定に伴い、塵芥箱（ごみばこ）が設置されました。そして1964年東京オリンピックの際に、衛生対策、清掃対策などの環境整備も強化されました。その一つとして東京では路上に備え付けられたゴミ箱を撤去する作業が行われ、家庭内でゴミを溜めて決まった日時に出す形式に改められたそうです。

❶ 右手拳を開いて捨てるしぐさをし

❷ 両手5指の指先を向かい合わせて、下に下ろす

使える！スポーツ手話ハンドブック

コンビニ（こんびに）

右手の数詞「4」と左手の数詞「2」を並べ、両手で垂直に円を描く

コンビニの発祥はアメリカだと言われています。1927年に「サウスランド・アイス」という氷小売販売店の近隣の住人から、氷だけではなく卵、牛乳、パンなども売ってほしいという要望があったため、それに応える形で氷以外の日用品も扱うようになり毎日営業を始めたのがルーツと言われています。

ホテル（ほてる）

立てた左手掌に掌を上に向けた右手2指の中指側をつけて下ろす

欧米で誕生し国際的に普及した宿泊施設のことです。オリンピック1964年東京大会で生まれたのが「ユニットバス」です。ホテルニューオータニは大会に間に合わせるため、浴室を限られた期間で大量に設置する必要に迫られ、あらかじめ工場で生産した材料を現場で組み立てるユニットバスを導入し、大会を乗り切ったということです。

◆ 136 ◆

③-3　場所・交通

コーナー（こーなー）

（「救護所」の❸と同じ）

道路・競走路などの曲がり角という意味の他に、売り場・催し物会場などに設けた一区画のこともコーナーと言います。「ドリンクコーナー」「喫煙コーナー」という使われ方をします。

歩く（あるく）

右手2指を下に向け、指を交互に出しながら前へ進める

スポーツ庁は2018年3月に「FUN+WALK PROJECT」を発表しました。「忙しくて運動する時間がない」というビジネスパーソンに、今の生活のなかでスポーツをしてもらうために、職場への通勤や仕事の合間を使って、運動やエクササイズを促すこと、そのためにまずは、通勤時や昼休みに歩くことを推奨しようというものです。

場所・交通

使える！スポーツ手話ハンドブック

到着（とうちゃく）

指先を前に向けた右手で弧を描いて前方の左手掌の上にのせる

到着地、到着便、○時に到着する、到着手続き、到着ロビー等のように使います。

出発（しゅっぱつ）

指先を前に向けた右手小指側を左手掌の上から前へ出す

出発地、出発便、○時に出発する、出発手続き、出発ロビー等のように使います。

③-3　場所・交通

電車 (でんしゃ)

曲げた右手2指を左手2指の下側につけて前へ出す

駆動用電動機を装置し、架線あるいは軌道から得る電気を動力源として走行する鉄道車両のことです。電気を使わず、ディーゼルで動くものは「電車」ではなく「列車」になります。「急行電車」「路面電車」などがあります。
手話は、パンタグラフを出して走行する電車のさまを表しています。

駅 (えき)

上向きにした左手掌を右手2指ではさむ

駅名の手話については地元のろうあ団体で発行している書籍やろう者と手話で会話して表現を確認してみてください。多くの新幹線が発着し、ＪＲの在来線が大量に流れこむ巨大ターミナルである東京駅は開業時、八重洲側には出口はなくお濠でした。世界で一番乗降客数が多いのは東京の新宿駅です。2016年の一日平均乗降客数は約347万人で、ギネス世界記録にも認定されています。

使える！スポーツ手話ハンドブック

JR（じぇいあーる）

親指を伸ばし、中指を人差指にからませた右手を前に出す

> 日本国有鉄道の分割・民営化に伴い、1987（昭和62）年4月に発足した六つの旅客鉄道会社（北海道・東日本・東海・西日本・四国・九州）と一つの貨物会社の共通の略称のことです。「Japan Railways」の略です。

地下鉄（ちかてつ）

指を前に向けた右手を左手掌の下にくぐらせて前へ出す

> 都市などで、地下にトンネルを掘り、そこに敷設した鉄道のことです。世界最初のものは1863年にイギリスのロンドンで開通しました。日本では1927（昭和2）年に開通した東京の浅草〜上野間（現在の東京メトロ銀座線の一部）が最初です。

◆ 140 ◆

③-3　場所・交通

バス (ばす)

親指を立て、人差指の指先をつけ合わせた両手を前へ出す

大型の乗り合い自動車で、多数の人を一定の路線・運賃で運びます。バスの方向幕（最近ではLEDも増えてきました）には行先以外にも様々な表記があるそうです。回送中であれば「回送車」、乗客が乗り降りしている際には「乗降中」といった一度は見たことがあるものや、「教習車」「SOS」「緊急事態発生」「故障車」「牽引中」など珍しい表記も存在するそうです。

シャトルバス (しゃとるばす)

親指を立て、人差指の指先をつけ合わせた両手を左前方に往復させる

ホテルと空港などを結んで走る近距離往復バスのことを指します。大会ではバス会社に依頼して観光バスや路線バスを手配し、駅や空港などから会場まで多くの人を運ぶことも多いです。

場所・交通

使える！スポーツ手話ハンドブック

停留所（ていりゅうじょ）

左手2指の輪を右に向け親指側に右手人差指の指先をつける

停留所は、乗合バスにおいて乗客が乗降できる地点です。バス停とも呼ばれます。高速道路上にあるものについては、「バスストップ」と呼ばれることがあります。このうち、バスの始発・終着地を施設化したものはバスターミナルと呼ばれます。国内最大級のバスターミナルは新宿駅南口にある「バスタ新宿」で1日当たり1625便もの高速バスが発着します。
手話は、古い形のバス停の形を表現しています。「バス停」も同じ表現を使います。

タクシー（たくしー）

左手を上げ、右手親指と4指を平行に伸ばし、前へ出す

タクシーが我が国に誕生したのは、1912（大正元）年8月5日です。現在の東京・有楽町マリオンに設立された「タクシー自働車株式会社」が、タクシーメーターを装備したT型フォード6台で営業を開始しました。
この手話表現の他にも、親指と中指と薬指を軽く向かい合わせて前に出す（指文字〈キ〉に近い形）、等さまざまな表現があります。

③-3　場所・交通

飛行機（ひこうき）

右手3指を伸ばし、甲を上にして左斜め上へ上げていく

> ジェットエンジンやプロペラなどの推進装置によって前進し、翼面に空気流を作ることによって揚力を得て、空中を飛ぶ乗り物のことです。
> 1951(昭和26)年10月25日、戦後最初の国内民間航空会社として設立された日本航空が、一番機の「ど星号」で東京〜大阪〜福岡間の運航を開始しました。
> この手話表現の他に人差指を折り曲げて2指で表現するものもあります。

空港（くうこう）

5指を曲げた左手を置き、伸ばした右手3指を斜め前へ上げていく

> 航空機が発着し、旅客や貨物の乗降が行われる公共用の飛行場のことです。日本では空港整備法により第1種から第3種まで区別がされていて、第1種は羽田・成田・大阪(伊丹)・関西・中部の5つの国際空港が指定されています。
> 羽田空港に2017年に聞こえない・聞こえづらい人向けの公衆電話ボックス「手話フォン」が国内で初めて設置されました。今後、2020年の東京オリンピック・パラリンピックを見据え、他の国内主要空港にも順次導入される予定です。

場所・交通

聴覚障害者の聴力基準

機関	国連	自動車運転免許（補聴器条件）	障害年金認定	身体障害認定基準（日本）	デフリンピック	全国ろうあ者体育大会
	（社会モデル）	警察庁	国民年金・厚生年金保険障害認定基準	障害程度等級表	参加基準	（全日本ろうあ連盟）
説明	世界保健機構（WHO）では41dB以上の（中程度）難聴者に補聴器の装用が推奨されています。	両耳の聴力が10メートルの距離で90デシベルの警音器の音が聞こえること	2級 両耳の聴力が90dB以上	6級 両耳の聴力が70dB以上（または1側耳90dB他側耳50dB以上）	良耳（聞こえが良い方の耳）の平均聴力が55dB以上	参加は全日本ろうあ連盟の会員であることが条件

目安	大きさ
ジェット機の爆音	120 dB
車の警笛	110 dB
電車のガード下	100 dB
セミや犬の鳴き声	90 dB
地下鉄の車内	80 dB
大声での会話	70 dB
静かな車の中	60 dB
普通の会話	50 dB
図書館の中	40 dB
静かな会話	30 dB
ささやき声	20 dB
	10 dB
	0 dB

- 国連: 41 dB
- 自動車運転免許: 90 dB
- 障害年金認定: 90 dB
- 身体障害認定基準: 70 dB
- デフリンピック: 55 dB
- 全国ろうあ者体育大会: 聴力の規定は無し

※基準を簡略化して図表化しました。実際の条件については各機関が詳細に規定しています。

③-4
その他

使える！スポーツ手話ハンドブック

 お疲れさま（おつかれさま）

❶ 右手拳の小指側で左腕を2回たたき

❷ 顔前で右手を斜めに構えて少し前へ出し、同時に頭を下げる

相手の労苦をねぎらう意味で使われる言葉です。また、職場で先に帰る人へのあいさつにも使います。一般的に「ご苦労様」は目上の人から目下の人に使うのに対し、「お疲れ様」は同僚、目上の人に対して使います。勝っても負けても選手には「お疲れ様」と健闘をたたえる気持ちが大事です。
手話は、肩を叩いて労をねぎらう様子に由来していると言われています。

 ありがとう

左手甲に小指側を直角にのせた右手を上げながら頭を下げる

感謝の気持ちを表したり礼を言うときに使う言葉です。
手話は、勝った関取が賞金をもらって手刀をきるしぐさから生まれた表現とされています。

146

③-4 その他

頑張って（がんばって）

肘を張り、胸前で向き合わせた両手拳を同時に力強く2回下ろす

「頑張れ」と選手を励ましたい時に使われます。「頑張る」は、あることをなしとげようと困難に耐えて努力することを言います。選手達は少しでも良い成績のために、裏方は大会がスムーズに運営できるように、それぞれ頑張っています。

気を付けて（きをつけて）

丸めた両手を上下に置き、握りながら胸に引き寄せる

身体などがぶつからないように注意してほしい、無事に移動・帰宅するよう願っている、健康祈願等を示したいときに使われます。別れ際のあいさつとしてもよく使われます。

使える！スポーツ手話ハンドブック

元気（げんき）

活動のもとになる気力。また、いきいきとして活力の盛んなさまです。また、身体に悪いところがない健康な様子の意味でも使われます。
元気を出して、元気になる、元気で頑張って等のように使います。

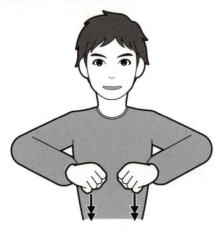

肘を張り、胸前で向き合わせた両手拳を同時に力強く2回下ろす

嬉しい（うれしい）

物事が自分の望みどおりになって満足であり、喜ばしいことをいいます。良い成績が得られたり、金メダルが獲れたら嬉しいです。
手話は、「楽しい」、「喜び」も同じものとなります。

湾曲した両手の指先を胸に向け、交互に上下に動かす

③-4 その他

歓迎（かんげい）

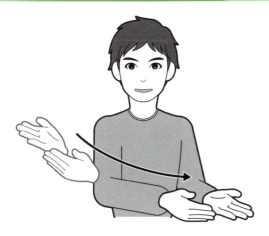

両手掌を上に向け、右から左へ動かし、迎える動作をする

喜んでむかえることです。競技大会の開会式において「歓迎の挨拶」「歓迎のことば」として使われることが多いです。

温かい（あたたかい）

両手掌を上に向けて腹からあおるように上げる動作を繰り返す

ある物が冷たくなく、また熱すぎもせず、程よい状態であること、また思いやりいたわりの心があることを指します。「（気温が）温かい」「温かい飲み物」「温かいもてなし」などで使われます。

使える！スポーツ手話ハンドブック

さわやか

❶ 右手2指の指先を鼻に向けて下から近づけ

❷ 左手掌を右手掌で撫でながら素早く右方へ動かす

気分が晴れ晴れとして快く、さっぱりとして気持ちがよい様子のことです。気象庁のウェブサイトの「天気予報等で用いる用語」というページにおいて、「さわやかな天気は原則として夏期や冬期には用いない。秋に、移動性高気圧におおわれるなどして、空気が乾燥し、気温も快適な晴天の場合に用いることが多い」とされています。

車イス（くるまいす）

腹の脇で両手人差指の指先を向かい合わせて同時に回す

腰掛けたまま移動できるようにイスに車輪をつけたものです。1595年、スペインのフィリップⅡ世により介助用の車輪のついたいすが作られています。1650年には下肢に障害があったステファン・ファルファによって自走式タイプが初めて考案されました。これらは、現在の車イスのような障害者対応乗り物としての目的ではなかったのではないかと考えられています。

◆ 150 ◆

③-4　その他

ヒアリングループ
（ひありんぐるーぷ）

両手＜ル＞を掌下向きに寝かせて手前から半円を描いて前に出す

> 耳が聴こえづらい人の聞こえを支援する設備で、ループアンテナを輪のように這わせ、その中で誘導磁界を発生させることで、音声磁場をつくります。対応の補聴器や人工内耳を付けると音が聞こえやすくなります。以前は「磁気ループ」「磁気誘導ループ」と呼ばれていましたが、2017年に一般社団法人全日本難聴者・中途失聴者団体連合会により呼称変更されました。

○ オリンピックでろう者が活躍！○

　オリンピックに出場、最も多くメダルを獲得したろう者はハンガリーのイルジコ・ロイト（女性）。フェンシングの選手です。彼女は1960〜1976年の16年間、オリンピックに5大会連続出場し、合計7つのメダルを獲得しました。

　目にもとまらぬ早業は、彼女のたぐいまれなる優れた動体視力にあったのではないかと推測されますが、それは、おそらく日頃からの手話コミュニケーションで鍛えられた瞬発力・判断力がフェンシング競技でも開花したのでしょう。

　その他にも、競泳、陸上、レスリング、マラソン、体操、バスケット、ボクシング、ボート等のオリンピック各競技で活躍したろう者の記録も残されています。

その他

使える！スポーツ手話ハンドブック

カメラ（かめら）

眼前に両手人差指を立て、右手人差指を曲げる

昔は銀塩フィルムが使われていましたが、今ではデジタルが主流となり、スマートフォンのカメラでも高画質な写真が撮れるようになりました。動きのあるスポーツをぶれないように撮影するのは難しいと思いがちですが、技術の進歩によりスポーツモードや連写等の機能も充実してきて、ぶれを抑えて撮影することが可能になりました。静止画だけでなく、動画を撮影するビデオカメラもあります。

フラッシュ（ふらっしゅ）

顔の横で握った右手掌を前に向けて勢いよく開く

カメラで撮影する際、暗いときや逆光のときに使う発光装置のことです。スポーツ競技においては集中の妨げとなるため、フラッシュ付きでの写真撮影を禁止されていることが多いです。

索引

索 引

■ 項 目 順 ■

スポーツ……………………… 6

◆①-1　オリンピック競技◆

水泳…………………………… 8
水球…………………………… 8
アーチェリー………………… 9
陸上競技……………………… 9
競歩…………………………… 10
バドミントン………………… 10
バスケットボール…………… 11
3×3（三人制バスケットボール）… 11
ボクシング…………………… 12
カヌー………………………… 12
自転車競技…………………… 13
マウンテンバイク…………… 13
馬術…………………………… 14
フェンシング………………… 14
サッカー……………………… 15
ゴルフ………………………… 15
体操…………………………… 16
新体操………………………… 16
ハンドボール………………… 17
ホッケー……………………… 17
柔道…………………………… 18
近代五種……………………… 18
ボート………………………… 19
ラグビー……………………… 19
セーリング…………………… 20
射撃…………………………… 20
卓球…………………………… 21
テコンドー…………………… 21
テニス………………………… 22
トライアスロン……………… 22
バレーボール………………… 23
ウエイトリフティング……… 23
レスリング…………………… 24
野球…………………………… 25
ソフトボール………………… 25
空手…………………………… 26
スケートボード……………… 26
スポーツクライミング……… 27

サーフィン…………………… 27

◆①-2　競技名◆

ボウリング…………………… 30
フットサル…………………… 30
相撲…………………………… 31
弓道…………………………… 31
ゲートボール………………… 32
グラウンドゴルフ…………… 32
フライングディスク………… 33
ローラースケート…………… 33
フットベースボール………… 34
オリエンテーリング………… 34
パワーリフティング………… 35

◆①-3　冬スポーツ◆

スキー………………………… 38
アルペン……………………… 38
スキージャンプ……………… 39
ノルディック複合…………… 39
クロスカントリー…………… 40
バイアスロン………………… 40
フリースタイル……………… 41
スノーボード………………… 41
スケート……………………… 42
スピードスケート…………… 42
フィギュアスケート………… 43
ショートトラック…………… 43
アイスホッケー……………… 44
ボブスレー…………………… 44
スケルトン…………………… 45
リュージュ…………………… 45
カーリング…………………… 46
スノーシューイング………… 46

◆①-4　障害者スポーツ◆

ボッチャ……………………… 48
ゴールボール………………… 48
パラ陸上……………………… 49
パラパワーリフティング…… 49
パラ水泳……………………… 50
パラ射撃……………………… 50
シッティングバレーボール… 51

車イスバスケットボール	51	国歌斉唱	78
車イスフェンシング	52	君が代	78
ウェルチェアラグビー	52	宣誓	79
車イステニス	53	スポーツマンシップ	79
パラアイスホッケー	53	閉会式	80
車イスカーリング	54	閉会宣言	80
フロアバレーボール	54	降納	81
フロアホッケー	55	退場	81
グランドソフトボール	55	フィナーレ	82

◆②-1 大会◆

オリンピック	58
パラリンピック	58
デフリンピック	59
国体（国民体育大会）	60
スローガン	60
夏季・暑い	61
冬季・寒い	61
シンボルマーク	62
マスコット	62
結団式	63
壮行会	63
解団式	64
入賞	65
記録	65
メダル	66
金メダル	66
銀メダル	67
銅メダル	67
表彰	68
表彰台	68
授与	69
優勝旗	69
優勝カップ	70
賞状	70

◆②-3 規則・ルール◆

日程	84
期間	84
種目	85
資格	85
規則	86
ルール	86
反則	87
条件	87
ドーピング	88
アンチドーピング	88
ガバナンス	89
タイムテーブル	89
個人	90
団体	90
リーグ戦	91
トーナメント戦	91
予選	92
決勝	92
敗者復活	93
成績	93

◆②-2 式典◆

開会式	72
開会宣言	72
オープニング	73
アトラクション	73
入場行進	74
ゲート	74
あいさつ	75
起立	76
着席	76
国旗	77
掲揚	77

◆②-4 運営◆

開始	96
終了	96
入口	97
出口	97
案内	98
案内書	98
アナウンス	99
呼び出し（コール）	99
時間	100
招集	100
実行委員会	101
ボランティア	101
役員	102
配置	102
引率	103

索引

誘導‥‥‥‥‥‥‥‥‥ 103	
注意‥‥‥‥‥‥‥‥‥ 104	
マナー‥‥‥‥‥‥‥‥ 104	
喫煙‥‥‥‥‥‥‥‥‥ 105	
禁煙‥‥‥‥‥‥‥‥‥ 105	
忘れ物‥‥‥‥‥‥‥‥ 106	
落とし物‥‥‥‥‥‥‥ 106	
飲み物‥‥‥‥‥‥‥‥ 107	
応援‥‥‥‥‥‥‥‥‥ 107	
スポンサー‥‥‥‥‥‥ 108	
拍手‥‥‥‥‥‥‥‥‥ 108	
おもてなし‥‥‥‥‥‥ 109	
バリアフリー‥‥‥‥‥ 109	

◆③-1 人物◆

選手‥‥‥‥‥‥‥‥‥ 112	
主将‥‥‥‥‥‥‥‥‥ 112	
補欠‥‥‥‥‥‥‥‥‥ 113	
審判‥‥‥‥‥‥‥‥‥ 113	
監督‥‥‥‥‥‥‥‥‥ 114	
コーチ‥‥‥‥‥‥‥‥ 114	
トレーナー‥‥‥‥‥‥ 115	
サポーター‥‥‥‥‥‥ 115	
団長‥‥‥‥‥‥‥‥‥ 116	
来賓‥‥‥‥‥‥‥‥‥ 116	
知事‥‥‥‥‥‥‥‥‥ 117	
天皇（天皇陛下）‥‥‥ 118	
皇太子（皇太子殿下）‥‥ 118	

◆③-2 メディカル◆

メディカル‥‥‥‥‥‥ 120	
薬‥‥‥‥‥‥‥‥‥‥ 120	
頭痛‥‥‥‥‥‥‥‥‥ 121	
熱‥‥‥‥‥‥‥‥‥‥ 121	
風邪‥‥‥‥‥‥‥‥‥ 122	
目まい‥‥‥‥‥‥‥‥ 122	
アレルギー‥‥‥‥‥‥ 123	
怪我‥‥‥‥‥‥‥‥‥ 123	
捻挫‥‥‥‥‥‥‥‥‥ 124	
骨折‥‥‥‥‥‥‥‥‥ 124	
熱い‥‥‥‥‥‥‥‥‥ 125	
冷たい‥‥‥‥‥‥‥‥ 125	
救護所‥‥‥‥‥‥‥‥ 126	
病院‥‥‥‥‥‥‥‥‥ 126	
救急車‥‥‥‥‥‥‥‥ 127	

◆③-3 場所・交通◆

会場‥‥‥‥‥‥‥‥‥ 130	
駐車場‥‥‥‥‥‥‥‥ 130	
競技場‥‥‥‥‥‥‥‥ 131	
受付‥‥‥‥‥‥‥‥‥ 131	
案内所‥‥‥‥‥‥‥‥ 132	
控室‥‥‥‥‥‥‥‥‥ 132	
スタンド‥‥‥‥‥‥‥ 133	
観客席‥‥‥‥‥‥‥‥ 133	
トイレ‥‥‥‥‥‥‥‥ 134	
オストメイト‥‥‥‥‥ 134	
充電コンセント‥‥‥‥ 135	
ゴミ箱‥‥‥‥‥‥‥‥ 135	
コンビニ‥‥‥‥‥‥‥ 136	
ホテル‥‥‥‥‥‥‥‥ 136	
コーナー‥‥‥‥‥‥‥ 137	
歩く‥‥‥‥‥‥‥‥‥ 137	
到着‥‥‥‥‥‥‥‥‥ 138	
出発‥‥‥‥‥‥‥‥‥ 138	
電車‥‥‥‥‥‥‥‥‥ 139	
駅‥‥‥‥‥‥‥‥‥‥ 139	
JR ‥‥‥‥‥‥‥‥‥ 140	
地下鉄‥‥‥‥‥‥‥‥ 140	
バス‥‥‥‥‥‥‥‥‥ 141	
シャトルバス‥‥‥‥‥ 141	
停留所‥‥‥‥‥‥‥‥ 142	
タクシー‥‥‥‥‥‥‥ 142	
飛行機‥‥‥‥‥‥‥‥ 143	
空港‥‥‥‥‥‥‥‥‥ 143	

◆③-4 その他◆

お疲れさま‥‥‥‥‥‥ 146	
ありがとう‥‥‥‥‥‥ 146	
頑張って‥‥‥‥‥‥‥ 147	
気を付けて‥‥‥‥‥‥ 147	
元気‥‥‥‥‥‥‥‥‥ 148	
嬉しい‥‥‥‥‥‥‥‥ 148	
歓迎‥‥‥‥‥‥‥‥‥ 149	
温かい‥‥‥‥‥‥‥‥ 149	
さわやか‥‥‥‥‥‥‥ 150	
車イス‥‥‥‥‥‥‥‥ 150	
ヒアリングループ‥‥‥ 151	
カメラ‥‥‥‥‥‥‥‥ 152	
フラッシュ‥‥‥‥‥‥ 152	

◆ 156 ◆

■ あ い う え お 順 ■

■あ行■

アーチェリー	9
あいさつ	75
アイスホッケー	44
温かい	149
熱い	125
アトラクション	73
アナウンス	99
ありがとう	146
歩く	137
アルペン	38
アレルギー	123
アンチドーピング	88
案内	98
案内書	98
案内所	132
入口	97
引率	103
ウエイトリフティング	23
ウェルチェアラグビー	52
受付	131
嬉しい	148
駅	139
応援	107
オープニング	73
オストメイト	134
お疲れさま	146
落とし物	106
おもてなし	109
オリエンテーリング	34
オリンピック	58

■か行■

カーリング	46
開会式	72
開会宣言	72
開始	96
会場	130
解団式	64
夏季・暑い	61
風邪	122
カヌー	12
ガバナンス	89
カメラ	152
空手	26

観客席	133
歓迎	149
監督	114
頑張って	147
期間	84
規則	86
喫煙	105
君が代	78
救急車	127
救護所	126
弓道	31
競技場	131
競歩	10
起立	76
記録	65
気を付けて	147
禁煙	105
近代五種	18
金メダル	66
銀メダル	67
空港	143
薬	120
グラウンドゴルフ	32
グランドソフトボール	55
車イス	150
車イスカーリング	54
車イステニス	53
車イスバスケットボール	51
車イスフェンシング	52
クロスカントリー	40
掲揚	77
ゲート	74
ゲートボール	32
怪我	123
決勝	92
結団式	63
元気	148
皇太子（皇太子殿下）	118
降納	81
コーチ	114
コーナー	137
ゴールボール	48
国体（国民体育大会）	60
個人	90

索引

◆ 157 ◆

国歌斉唱	78	スポーツクライミング	27
国旗	77	スポーツマンシップ	79
骨折	124	スポンサー	108
ゴミ箱	135	相撲	31
ゴルフ	15	３×３（三人制バスケットボール）	11
コンビニ	136	スローガン	60

■さ行■

サーフィン	27	成績	93
サッカー	15	セーリング	20
サポーター	115	選手	112
さわやか	150	宣誓	79
JR	140	壮行会	63
資格	85	ソフトボール	25

■た行■

時間	100	退場	81
実行委員会	101	体操	16
シッティングバレーボール	51	タイムテーブル	89
自転車競技	13	タクシー	142
射撃	20	卓球	21
シャトルバス	141	団体	90
充電コンセント	135	団長	116
柔道	18	地下鉄	140
終了	96	知事	117
主将	112	着席	76
出発	138	注意	104
種目	85	駐車場	130
授与	69	冷たい	125
条件	87	停留所	142
招集	100	出口	97
賞状	70	テコンドー	21
ショートトラック	43	テニス	22
新体操	16	デフリンピック	59
審判	113	電車	139
シンボルマーク	62	天皇（天皇陛下）	118
水泳	8	トイレ	134
水球	8	冬季・寒い	61
スキー	38	到着	138
スキージャンプ	39	銅メダル	67
スケート	42	トーナメント戦	91
スケートボード	26	ドーピング	88
スケルトン	45	トライアスロン	22
スタンド	133	トレーナー	115

■な行■

頭痛	121	日程	84
スノーシューイング	46	入賞	65
スノーボード	41	入場行進	74
スピードスケート	42	熱	121
スポーツ	6		

捻挫	124	フロアホッケー	55
飲み物	107	閉会式	80
ノルディック複合	39	閉会宣言	80
■は行■		ボウリング	30
バイアスロン	40	ボート	19
敗者復活	93	ボクシング	12
配置	102	補欠	113
拍手	108	ホッケー	17
馬術	14	ボッチャ	48
バス	141	ホテル	136
バスケットボール	11	ボブスレー	44
バドミントン	10	ボランティア	101
パラアイスホッケー	53	**■ま行■**	
パラ射撃	50	マウンテンバイク	13
パラ水泳	50	マスコット	62
パラパワーリフティング	49	マナー	104
パラ陸上	49	メダル	66
パラリンピック	58	メディカル	120
バリアフリー	109	目まい	122
バレーボール	23	**■や行■**	
パワーリフティング	35	野球	25
反則	87	役員	102
ハンドボール	17	優勝カップ	70
ヒアリングループ	151	優勝旗	69
控室	132	誘導	103
飛行機	143	予選	92
病院	126	呼び出し（コール）	99
表彰	68	**■ら行■**	
表彰台	68	来賓	116
フィギュアスケート	43	ラグビー	19
フィナーレ	82	リーグ戦	91
フェンシング	14	陸上競技	9
フットサル	30	リュージュ	45
フットベースボール	34	ルール	86
フライングディスク	33	レスリング	24
フラッシュ	152	ローラースケート	33
フリースタイル	41	**■わ行■**	
フロアバレーボール	54	忘れ物	106

使える！スポーツ手話ハンドブック

編　　集	『スポーツ関連用語集』編集委員会
	荒井康善　　植野圭哉　　倉野直紀　　田原直幸

　本書内の用語解説などは、各種辞書や関連ホームページを参考にしたもので、2018 年 6 月現在の情報を元にしています。

手話監修	社会福祉法人全国手話研修センター
	日本手話研究所

イラスト協力	鈴木　潔

定　　価	1,300 円＋税
	ISBN 978-4-904639-19-1　C0580　￥1300E

印　　刷	日本印刷株式会社

発　　行	一般財団法人全日本ろうあ連盟
	〒 162-0801　東京都新宿区山吹町 130　SK ビル 8 階
	電話 03-3268-8847　FAX 03-3267-3445
	https://www.jfd.or.jp/

発 行 日	2018 年 6 月 30 日　初版発行
	2018 年 8 月 31 日　第 2 版

本書の内容の一部あるいは全部を無断で複写複製・転載を禁じます。
乱丁・落丁本は送料当連盟負担にてお取替えいたします。